中学校社会サポートBOOKS

Performance Task

中野英水

パフォーマンス課題を位置づけた中学校歴史の授業プラン&ワークシート

明治図書

はじめに

いよいよ中学校でも，新学習指導要領の完全実施である。移行期間中は，多くの先生方が新学習指導要領を念頭に置いた単元指導計画や授業の開発を行ってきたかと思う。

ご承知の通り，新学習指導要領では，育成すべき資質・能力を「三つの柱」で示している。このことは，「知識・技能の習得」「思考力・判断力・表現力等の育成」そして「学びに向かう力・人間性等の涵養」をこれからの時代に必要となる資質・能力として，その育成を目指していることを意味する。この資質・能力を育成するために，日々の授業を「何を学ぶか」といった内容面と，「どのように学ぶか」といった方法面の両方から工夫・改善していくことが明確に示されたのである。

日々の授業開発では，この「大きな三角形」を意識しつつ，知識の伝達に偏ることはもちろんのこと，アクティブ・ラーニングの言葉が独り歩きした授業展開にならぬよう，そして，「学びに向かう力・人間性等の涵養」も忘れない，時代の変化を意識した単元指導計画の立案，そしてそれに基づく授業の展開が求められる。

平成20年版学習指導要領・改訂の経緯：21世紀は，新しい知識・情報・技術が政治・経済・文化をはじめ社会のあらゆる領域での活動の基盤として飛躍的に重要性を増す，いわゆる「知識基盤社会」の時代であると言われている。このような知識基盤社会化やグローバル化は，アイディアなど知識そのものや人材をめぐる国際競争を加速させる一方で，異なる文化や文明との共存や国際協力の必要性を増大させている。

前提となる社会状況が大きく変化し，学習指導要領も背景が大きく変容

平成29年版学習指導要領・改訂の経緯：今の子供たちやこれから誕生する子供たちが，成人して社会で活躍する頃には，我が国は厳しい挑戦の時代を迎えていると予想される。生産年齢人口の減少，グローバル化の進展や絶え間ない技術革新等により，社会構造や雇用環境は大きく，また急速に変化しており，予測が困難な時代となっている。また，急激な少子高齢化が進む中で成熟社会を迎えた我が国にあっては，一人一人が持続可能な社会の担い手として，その多様性を原動力とし，質的な豊かさを伴った個人と社会の成長につながる新たな価値を生み出していくことが期待される。

大きな社会の変化に対応して改訂された新学習指導要領

このように新学習指導要領では，劇的に変化する予測不可能な社会情勢の中で，たくましく生きていくための資質・能力としての三つの柱や，主体的・対話的で深い学びを実現する授業改善が求められている。これからはこのことを意識した単元構成を考える必要があるだろう。1つの単元は，社会や学習に対する関心や意欲を土台として，必要な知識や技能を習得し，それを活用しながら社会的な課題解決を思考・判断し表現する中で，よりよい社会を築こうとする態度を養っていくという流れが考えられる。こうした学習を一体的に評価することは，もはやペーパーテストでは不可能である。学習指導が変われば学習評価も変わるということで，今，新しい学習に適した新しい学習評価の研究が始まっているのである。

これからの学習は，知識や技能の習得のみならず，これを活用して思考・判断・表現し，よりよい社会や世界の実現に向けての主体的な態度を育成していくのであるから，特定の部分だけを見取って評価する方法ではなく，単元構成全体を反映した総括的な評価方法が必要になる。平成28年12月に出された中央審議会答申では，「資質・能力のバランスのとれた学習評価を行っていくためには，指導と評価の一体化を図る中で，論述やレポートの作成，発表，グループでの話合い，作品の制作等といった多様な活動に取り組ませるパフォーマンス評価などを取り入れ，ペーパーテストの結果にとどまらない，多面的・多角的な評価を行っていくことが必要である」としており，評価方法の転換とパフォーマンス評価の有効性を示している。

ここで，改めてパフォーマンス評価とは何か，ということについて確認しておきたい。パフォーマンス評価については，京都大学大学院の西岡加名恵先生を始め，尊敬すべき先生方の素晴らしい研究が進められているが，ここでは，それらの研究の成果に生徒を直接指導する現場教師としての私の経験からの解釈を交えながら論じていきたい。

パフォーマンス評価は，パフォーマンス課題とルーブリック（評価の指標）を生徒に示して課題に取り組ませ，示したルーブリックに基づき評価する評価方法の総称である。それぞれの言葉の解釈は，以下の通りである。

「パフォーマンス評価」

観察・対話・実技テスト・自由記述による筆記テストなどを手がかりとして，知識や技能の活用を含めた思考力・判断力・表現力及び態度などを総括的に評価する評価方法。

「パフォーマンス課題」

パフォーマンス評価を実施する際に提示する，具体的な事例を設定して構成された学習課題。習得した知識や技能を総合して活用する要素を含む。

「ルーブリック」

パフォーマンス課題に含めた知識や技能の活用を見極めるための要素を含む記述から構成されている評価の指標。

（先行研究をもとに，筆者が解釈）

ここで注意してほしい点は，パフォーマンスという言葉である。パフォーマンスという言葉からは，生徒の活動を連想してしまいがちだが，この言葉に込められた意味は，それだけでない。**パフォーマンスとは，知識や技能の活用を含めた思考力・判断力・表現力や態度を総括的，一体的に発揮した生徒の活動を意味する**と，筆者は解釈している。

つまり，パフォーマンス評価とは，体育や音楽などの実技教科で行われているような実技テストとは異なる，学習活動の総括的な評価ということである。例えば，音楽における歌唱の実技テストは，生徒の歌唱の技能や歌唱による表現力を見取るテストであり，音楽の授業における総括的な評価ではない。しかし，ここでいうパフォーマンス評価は，その単元やこれまでの学習の成果を生かし，知識や技能の活用を含めた思考力・判断力・表現力や態度を総括的，一体的に評価する評価方法なのである。新学習指導要領が完全実施となった今こそ現場での評価方法を大きく見直し，パフォーマンス評価を導入していくときである。

歴史的分野のパフォーマンス課題

歴史的分野は総時数135時間を，歴史との対話２，古代までの日本４，中世の日本３，近世の日本４，近代の日本と世界６，現代の日本と世界２の計21単元で構成した。パフォーマンス課題の設定に関しては，各単元で様々な工夫を凝らしている。以下にその一部を紹介する。

歴史学習の導入となる単元１及び２では，「教科書の扉絵を描く」「３分 CM をつくる」など，文章ではない形で歴史を表現させる課題とした。これらの課題によって歴史学習に対しての興味・関心を高め，これから始まる通史の授業への導入とする。また，通史最初の単元では，歴史好きの中学生を主人公として，実際の授業風景を連想させるような場面設定とした。課題の主人公に生徒自身が自分を重ね合わせ，実感を伴った学習が進められるよう配慮した。

通史のパフォーマンス課題は，「なぜ日本は強大な元軍を撃退できたのだろうか？」「混乱の室町時代，武士は勢力を強めたか？」など「なぜ？」を含めた課題設定となっている。このパフォーマンス課題を軸として単元の学習を進めていくと，単なる歴史的事項を覚えるだけでなく，歴史的事象の背景や影響を探る授業となっていく。また，ワークシートでは，「フィッシュボーン」「ピラミッドストラクチャー」などの思考ツールを活用して事象を分析しながら思考を進めていく流れをつくっている。生徒の思考が自然と深化，発展していくよう活用いただきたい。そして最後の単元では，歴史好きの中学生が大学で歴史を学び大きく成長していくストーリーの上にパフォーマンス課題を設定した。この課題に挑戦する生徒の皆さんの成長を，主人公の成長と重ね合わせながら学習を進めてほしい。パフォーマンス課題も，３年間にわたる歴史学習のすべてを投入して考えさせる課題となっている。

歴史的分野の学習では，歴史的な見方・考え方を働かせながら，各時代における特色や課題を追究していく流れをつくれるよう，様々なパフォーマンス課題を設定した。これらのパフォーマンス課題に取り組みながら，各時代の本質的な特色や課題，そして，時代の変化を整理・考察していく学習が進められることを望んでいる。

本書をお手にされた先生方へ

前書『パフォーマンス課題を位置づけた中学校社会の単元&授業モデル』の発刊から2年，多くの先生方にご拝読いただき，また多数のご反響，ご要望も寄せていただきましたことに，厚く御礼を申し上げます。パフォーマンス評価については，各種の学会や研究会でもさらに議論が深まっております。それだけ先生方の関心が高いものなのだろうと考えます。それゆえにパフォーマンス評価について，「パフォーマンス評価とはどのようなものなのか」「パフォーマンス評価を普段の授業の中でどのように実施したらよいか」といった声も多く聞かれます。本書は今，話題となっているパフォーマンス評価を現場目線で捉え，学校現場の状況に即した授業プランを提示したものであります。本書の特色の一つとして，今回は三分冊にして地理，歴史，公民3分野の全単元を網羅いたしました。本書をお手に取った先生方の，思うがままの単元からご覧いただきたいと思います。今，先生方が実践されている単元のパフォーマンス課題を生かして，本書を実践的活用本としてお使いいただけたならば幸いです。

また，ワークシートについても，各単元2ページを当てて示しました。このワークシートは，単に設定されたパフォーマンス課題に回答させるだけではなく，課題を考察するために必要な知識を整理・分析し，そこから課題の解決に迫れるような流れを意識して作成しています。生徒の思考の流れを見取る手立てとなるよう工夫しました。パフォーマンス課題は，単元の学習をまとめ上げる総括的な課題であります。回答を表現する部分だけでなく，パフォーマンス課題に回答するまでのプロセスの部分もぜひご活用いただきたいと思います。

また，本書は，教育についての研究者ではなく，毎日生徒の前に立って実際に授業を行っている現場教師が執筆したという点も，特色かと考えております。様々な研究の視点から見れば拙い部分や簡略化した部分も多いかと思いますが，一人の授業者が，現場の中で実際に授業を行うことを前提として執筆いたしました。明日の授業で，すぐに使えるものを集めました。多忙な中でも教材研究を熱心に行う全国の先生方のお役に立てることを願っております。

最後に，本書の発刊にあたりましては，豊島区立千登世橋中学校主幹教諭の鈴木拓磨先生，港区立高松中学校主幹教諭の藤田淳先生，中野区立第七中学校主幹教諭の千葉一晶先生に多大なるご尽力をいただきました。これまで多くのご実践やご発表の経験をもち，中学校社会科教育の分野ではまさに最前線に立つ新進気鋭の3人であります。中学校社会科教育のみならず，所属校や所属地区のお仕事も多忙な中，玉稿を頂戴することができましたことを，この場をお借りいたしまして厚く御礼を申し上げます。

本書の使い方

本書は各単元とも，基本的に6ページ構成となっており，どの単元も同様の項目立てとしてある。それゆえに本書は冒頭から読み進めなくても，読者の任意の箇所から読んでいただける。また，地理，歴史，公民の各巻とも同様の構成としている。現場の先生方の状況に合わせて，必要なときに，必要なところからご活用願いたい。

すぐ手の届くところにおいていただき，ふとしたときにすぐに手に取ってページをめくっていただけるような日常的な使い方をしていただければ光栄である。一読した後は書棚を飾る愛蔵版ではなく，いざというときにすぐに手に取っていただける活用版としてお手元に備えてほしい。

（1）生徒に身につけさせたい力

ここでは，学習指導要領に示されている単元の位置づけや主なねらいなど，その単元の設定について示してある。筆者の解釈も含めながら，その単元が中学校社会科各分野の中でどのような位置づけで，どのような意味をもつ単元なのか，そこからこの単元の学習では，どのような力を生徒につけさせるのかといったことを論じている。必要に応じて学習指導要領解説とも見比べながらお読みいただきたい。この部分が，授業づくりの軸となるところである。

（2）単元の目標

学習指導要領に示されていることに基づき，各単元における「知識及び理解」「思考力，判断力，表現力等」「学びに向かう力，人間性等」の三つの柱を整理して作成した。生徒につけさせたい力とも関連しながら，その単元における目標を明確に示した。単元指導計画を作成する際は，ここの記述を実現するような単元構成を考えてほしい。また，単元を貫く問いを設定する場合は，この目標を十分に意識したものでなければならない。なお，本書では三つの柱に合わせてそれぞれに目標を立てるのではなく，すべてを含めた文章スタイルで示すこととした。

（3）単元の評価規準

その単元における三つの柱を基にして，「知識・技能」「思考力・判断力・表現力等」「主体的に学習に取り組む態度」の三観点で評価規準を設定した。作成にあたっては，新学習指導要領の内容に示されていることに基づきながら，単元全体の学習を見渡して作成してある。次ページにある単元の指導計画に示された評価も，この評価規準を受けてのものである。

目標—指導—評価の一体化の視点からも，前述の生徒につけさせたい力や単元の目標との関係性を重視しながら評価に際しての規準を示した。

（4）単元の指導計画

単元の構成を表組で示してある。各単元の配当時数は，地理115時間，歴史135時間，公民100時間を基に，軽重をつけて配分してある。表組には，主な学習内容と評価規準を示した。紙面の都合上，詳しく掲載することができなかったが，それぞれの授業について，また単元の学習の流れについて示した。また，各授業での学習活動に合わせて具体的な評価の規準を並行して示してある。前述した単元の目標を念頭に置きながら，各授業での学習活動やその評価を総合的にイメージしながら毎時の授業をつくっていってほしい。なお，「主体的に学習に取り組む態度」については，長いスパンで見取り評価することになっているため，特に記載が必要なところ以外は掲載していない。各単元や，関連する単元のまとまりの中で，単元の評価規準に示された観点で「主体的な学習に取り組む態度」を評価するものとする。

（5）授業展開例

ここが，本書の中核となる部分である。この部分では，パフォーマンス評価を実施する授業について詳しく述べてある。まず，パフォーマンス課題とルーブリックを掲載した。

パフォーマンス課題は，様々な設定を構想してある。生徒には，課題に設定してある様々な立場になりきって，課題を考えてほしい。本書の設定は，かなり空想に近いものもある。パフォーマンス評価の研究では近年，真正性が重視されてきている。もちろん反論は一切なくその通りであると筆者も考えているが，本書ではあえて空想に近いものも掲載した。その意図は，本書が実際の現場で活用されることを考えているからである。まずは課題に対する生徒の興味・関心を高めることをねらった。筆者も実際の授業でこのようなパフォーマンス課題を実施しているが，無味な学習課題よりも生徒の関心度，取り組み度は高いと感じている。また，ストーリーの中に課題を実施するまでの学習の整理や，そこで得た知識や技能を活用させる要素を盛り込んでいる。ストーリーを読む中で学習を振り返り，学習で得た知識や技能を活用させてしまうのである。単元の学習の総括的な評価としての位置づけであるパフォーマンス評価という点を重視した。

ルーブリックについては3段階の評価とした。先行研究では評価の段階をもっと細分化してあるものも多く見られるが，本書は実際の学校現場ですぐに活用できるものをというコンセプトのもとに作成した。多くの場合，評価は授業者一人が校務の合間の中で行っている。現場の教師が実際に無理なくできるものという観点から3段階とした。もちろん3段階が絶対というわけではない。本書を活用される先生ご自身の状況に合わせて例えば，B評価をさらに2段階に分けて評価するなど細分化されてもかまわない。指標となる文脈もアレンジされてもかまわない。生徒や学校，授業者の実態に合わせてご活用いただければと思う。

また，評価の尺度となる記述語も，より実際の現場で活用しやすいものとした。例えば，B評価に観点を設け，生徒の作品を点数化しやすくした。またA評価にはあえてあいまいな表現を入れて，数値的にはBだが，内容的にはAといった状況でも対応しやすいように配慮した。

（6）授業の流れ

パフォーマンス課題を実施する授業の流れを，導入，展開，まとめという3段階でお示しした。流れだけにとどまらず，授業における留意点やポイント，工夫などが示されている。後に掲載したワークシートと併せてご覧いただきたい。

また，課題の論述に入る前の整理や分析の過程についても丁寧に説明した。単元をまとめる授業としての位置づけが多いかと思うが，単元の学習を上手に振り返らせながら，パフォーマンス課題に向かう授業の流れをつくっていただきたい。

（7）評価基準の具体例

生徒の成果物をルーブリックに基づき評価するといってもなかなか難しい。成果物は論述されたものであり，こうだったらA，こうだったらBといった評価の実感がなかなかわいてこないというのが，パフォーマンス評価のお悩みであろう。それゆえにパフォーマンス評価を敬遠されている先生方も少なくない。

そこで，先に示したルーブリックに基づき，AやB評価と判断される具体例を示した。一つの作品として捉えてもらい，具体的な評価の基準としてご活用いただければと考える。

（8）ワークシート

今回のもう一つの中核が，このワークシートのページである。今回はパフォーマンス課題を実施するすべての授業について，ワークシートを掲載した。明日の授業ですぐに使えるくらいの実践的，現実的なワークシートである。このまま印刷してお使いいただけるようなものを考えた。また，サイズも見開きで2ページを基本として，授業で扱いやすいものをねらった。

以上が，本書の各単元の構成と使用法である。実際にそのまま活用できるということを考えてきたが，もちろんお読みいただいた先生方の思いやご実情もある。本書に掲載してあるものをそのまま使わなければならないということは一切ない。先生方の思いやご事情に合わせて，一部をアレンジしてお使いいただくのもありである。「本に出ているルーブリックはこの観点だったけど，自分はこちらの観点に入れ替えてやってみる」「本に出ているワークシートはこうだったけど，自分はこれを追加してみる」といったアレンジは大いに結構である。また，お若い先生方で，「初めはよくわからないから本の通りやっていたが，段々と理解が進みアレンジを加えるようになった」ということも結構である。本書が現場でのパフォーマンス評価実施のきっかけとなり，授業改善が進めば嬉しい限りである。現場の教師が現場の教師に向けて，授業がよくなる，先生がよくなる，そして生徒がよくなることを願い本書を執筆した。

CONTENTS

これからの歴史学習に役立つ時代の扉絵を作成しよう

生徒に身につけさせたい力

本単元は大項目 A 中項目(1)に位置づけられ，中学校社会科歴史的分野の学習135時間の最初を飾る単元である。本単元では，これから進んでいく歴史的分野の学習に対する導入的要素が大きく，今後の歴史学習で活用する基礎的な知識や技能の習得や今後の学習に向けて，課題意識をもって歴史を追究し学ぶことの大切さに気づくことが求められている。また，小学校での歴史学習と円滑な接続を図るため，小学校で学習した人物や文化財，歴史上の出来事などから適切なものを取り上げ，これと時代区分との関わりなどについて考察し表現する学習を実施していく。こうした学習活動を通して中学校歴史的分野の学習におけるレディネスの育成が本単元では求められている。

単元の目標

年代の表し方や時代区分の意味や意義についての基本的な知識や資料から歴史に関わる情報を読み取ったり年表にまとめたりする技能を身につけるとともに，時期や年代，推移，現在の私たちとのつながりなどに着目して，小学校での学習を踏まえながら歴史上の人物や文化財，出来事などから適切なものを取り上げ，時代区分との関わりなどについて考察し，今後の歴史学習で活用する基礎的な知識や技能の習得や今後の学習に向けて，課題意識をもって歴史を追究し学ぶことを大切にしていく態度を養う。

単元の評価規準

知識・技能
・年代の表し方や時代区分の意味や意義についての基本的な知識や，資料から歴史に関わる情報を読み取ったり年表にまとめたりする技能を身につけている。
思考力・判断力・表現力
・時期や年代，推移，現在の私たちとのつながりなどに着目して，小学校での学習を踏まえながら歴史上の人物や文化財，出来事などから適切なものを取り上げ，時代区分との関わりなどについて考察している。
主体的に学習に取り組む態度
・今後の歴史学習で活用する基礎的な知識や技能の習得や今後の学習に向けて，課題意識をもって歴史を追究し学ぶことを大切にしようとしている。

単元の指導計画

時	主な学習活動	評価
1	**◆歴史学習を始めるにあたって** ・小学校で学習した歴史上の人物や出来事を挙げ，学習の成果を振り返る。 ・小学校と中学校の歴史学習の違いや歴史学習を行う意義や意味を考える。	・今後の歴史学習で活用する基礎的な知識や技能の習得や今後の学習に向けて，課題意識をもって歴史を追究し学ぶことを大切にしようとしている。(態度)
2	**◆年代の表し方と時代区分** ・西暦や世紀，元号など年代の表し方についてその仕組みを理解し，様々な歴史的な出来事の年代を示す。 ・時代区分の仕方を理解し，年代の表し方と比べながら，主な歴史的人物や出来事の年表を作成する。	・年代の表し方や時代区分の意味や意義についての基本的な知識や資料から，歴史に関わる情報を読み取ったり年表にまとめたりする技能を身につけている。(知技)
3	**◆時代区分の意味や意義** ・小学校で学習した歴史上の人物や出来事を5つの時代区分で分類し，その結果を考察して，各時代の特色を自分の言葉で表現する。 ・その時代の特色と現代の生活との関連を考察する。	・時期や年代，推移，現在の私たちとのつながりなどに着目して，小学校での学習を踏まえながら歴史上の人物や文化財，出来事などから適切なものを取り上げ，時代区分との関わりなどについて考察している。(思判表)

授業展開例（第3時）

(1) パフォーマンス課題

あなたは本の挿絵などを担当する画家です。あなたのもとに教科書会社の編集担当者から電話が入りました。

「もしもし，挿絵作家の○○さんでいらっしゃいますか。株式会社□□で歴史教科書の編集を担当しております，△△と申します。いつもお世話になっております。

今度，新しい歴史の教科書を出版するにあたりまして，○○先生にまた絵をお願いしたいと思いましてご連絡いたしました。今回，先生にお願いしたいのは，挿絵ではなく各時代の章の最初に掲載する扉絵です。

古代，中世，近世，近代，現代の5つの時代区分で章を立てておりますので，それぞれの時代の特色が一目でわかる扉絵をお願いしたいと思います。いかがでしょうか？」

あなたは，以前からこの会社の教科書の挿絵を担当しているので，断ることなく快諾しました。

今回は，一人の歴史上の人物や一つの歴史的な出来事ではなく，大きな時代区分を表現する扉絵です。それぞれの時代には様々な人物が活躍し，様々な出来事が起こりました。それらを整理，まとめて一つの時代を表現しなければなりません。

あなたはこれまでの歴史の知識を思い出すと同時に，年代の表し方と時代区分についても改めて確認しました。また，これまでの歴史的な知識と年代の表し方や時代区分をつなぎ，略年表も作成してみました。

これらの準備を基にして，あなたは主な歴史的人物や出来事を５つの時代区分に分類し，それぞれの時代がどのような時代だったのかを，自分の言葉で表現してみました。さらには，５つの時代区分と現代の私たちの生活との関連も考えてみました。

すると，段々とイメージがわいてきて，頭の中に挿絵が浮かんできました。あなたはさっそくそのイメージを画用紙に描き始めたのでした。

（２）ルーブリックとその文例（ワークシートの学習課題 2 に対してのルーブリック）

	パフォーマンスの尺度（評価の指標）
A	・各時代の政治や経済，人々のくらしの在り方や社会の仕組みを捉え，他の時代と区別しながら各時代の特色をおおむね示した表現であり，さらに的確な表現や工夫した表現などが示されている。
B	・各時代の政治や経済，人々のくらしの在り方や社会の仕組みを捉え，他の時代と区別しながら各時代の特色をおおむね示した表現である。
C	・各時代の政治や経済，人々のくらしの在り方や社会の仕組みの捉えがあいまいであったり，他の時代との区別があいまいであったりするなど，各時代の特色が明確に捉えられていない。

（３）授業の流れ

①導入

第２時の授業で作成した年表を振り返り，主な歴史的人物や出来事を５つの時代区分に分類することから始める。ワークシートの課題 1 の表に整理させる。

このとき，小学校で使用した教科書を見ながら活動させ，小学校での学習事項を思い出しながら記述を追加させるのと同時に，小学校での人物重視の学習と中学校での通史を軸とした学習との違いなども感じさせながら課題を進める。

②展開

ワークシートの課題 2 に進む。 1 の課題で完成した表を基に，それぞれの時代がどのような時代だったのかを，自分の言葉で表現させていく。ここでは，政治や経済だけでなく偏りが出ないよう文化や民衆の生活などにも着目させ，多面的・多角的に考察させるよう留意する。
なお，この後に扉絵を描かせるが，絵画的能力は社会科の評価対象とはならないので，ここでの記述を評価の対象とする。

③まとめ

表現された記述を基に扉絵を作成する。作成には時間がかかるのでグループや学級で担当を分担してもよい。イメージをふくらまさせながら描かせたい。また，絵を描くことによって歴史に対する興味や関心を高めていくよう指導する。
完成した扉絵は掲示し，これからの歴史学習のたびに確認しながら，時代のイメージをもって学習を進めるためのアイテムとして活用する。

評価基準Bの具体例（2の論述）

以下のようなポイントが明確に記述されていればB評価とする。

古代
：権力をもった豪族が登場し古墳を築く時代，貴族が中心となって政治が行われる時代，貴族を中心に華やかな文化が見られる時代
中世
：貴族に変わって武士が政治の実権を握る時代，武力が重視される戦乱の時代，武士好みの力強い文化が見られる時代
近世
：武士政権は続くものの安定した政治が行われる時代，安定の中で経済や文化が発達した時代
近代
：封建社会から近代的な国家となる時代，西洋の文化を取り入れ，世界の中での活躍を模索する時代
現代
：第二次世界大戦の敗戦から復興が進み，今の豊かな日本の基礎が築かれた時代，民主主義が広がり，大衆が社会や文化の中心となる時代

扉絵の評価については，ワークシートの学習課題2の記述を基に，表現されている文脈に合った絵が示されていることを基準にして，おおむね表現されているものはB評価とし，より明確で工夫された表現であればA評価，表現がうまくできていないものはC評価とする。

ワークシート ❶ 私たちと歴史

これからの歴史学習に役立つ時代の扉絵を作成しよう

1　5つの時代区分に分類しよう

◆2時の授業で作成した年表を活用して，主な歴史的人物や出来事を5つの時代区分に分類しましょう。

	活躍した歴史上の人物	起こった歴史的な出来事
古代		
中世		
近世		
近代		
現代		

2　時代を自分の言葉で表現しよう

◆完成した表を基に，それぞれの時代がどのような時代だったのかを，自分の言葉で表現しましょう。

	それぞれの時代は，こんな時代だ!!
古代	
中世	
近世	
近代	
現代	

3　私たちの生活との関連を考えよう

◆5つの時代区分と現代の私たちの生活との関連を考えましょう。

	それぞれの時代は，私たちの生活とこのように関連している!!
古代	
中世	
近世	
近代	
現代	

4　それぞれの時代をイメージした扉絵を描こう

◆グループや学級で分担して，それぞれの時代のイメージを表した扉絵を描きましょう。

（　　　　　　　　）の時代をイメージした扉絵

年　　　組　　　番：氏名

身近な地域の歴史的なよさを紹介する 3分CMをつくろう

生徒に身につけさせたい力

本単元は大項目A中項目(2)に位置づけられ，歴史的分野の学習の導入となる単元である。前単元と同様に，「比較や関連，時代的な背景や地域的な環境，歴史と私たちとのつながり」などに着目し，地域に残る文化財や諸資料を活用して身近な地域の歴史的な特徴を多面的・多角的に考察し，表現する力を養っていく。

身近な地域は，生徒の居住地域や学校の所在地域を中心に，生徒自身による調査活動が可能な範囲であり，歴史上の出来事を具体的な事物や情報を通して理解することが可能であり，それを自らが生活する日常の空間的な広がりの中で実感的に捉えることのできる貴重な学びの場である。

単元の目標

生徒の居住地域や学校の所在地域を中心とした，自らが生活する地域の歴史について調べたり，収集した情報をまとめたりするなどの技能を身につけるとともに，比較や関連，時代的な背景や地域的な環境，歴史と私たちとのつながりなどに着目し，地域に残る文化財や諸資料を活用しながら身近な地域の歴史的な特徴を多面的・多角的に考察，表現し，自らが生活する地域や受け継がれてきた伝統，文化への関心を高め，今後の歴史学習に向けて，課題意識をもって歴史を追究し学ぶ態度を養う。

単元の評価規準

知識・技能
・生徒の居住地域や学校の所在地域を中心とした自らが生活する地域の歴史について調べたり，収集した情報をまとめたりするなどの技能を身につけている。
思考力・判断力・表現力
・比較や関連，時代的な背景や地域的な環境，歴史と私たちとのつながりなどに着目し，地域に残る文化財や諸資料を活用しながら身近な地域の歴史的な特徴を多面的・多角的に考察，表現している。
主体的に学習に取り組む態度
・自らが生活する地域や受け継がれてきた伝統，文化への関心を高め，今後の歴史学習に向けて，課題意識をもって歴史を追究し学ぼうとしている。

単元の指導計画

歴史を追究する技能はもちろん社会科，歴史的分野で身につけさせなければならない重要な力であるが，国語科でも学習指導要領の思考力，判断力，表現力等の内容A「話すこと・聞くこと」の中に，構成の検討，考えの形成（話すこと），表現，共有（話すこと），構造と内容の把握，精査・解釈，考えの形成，共有（聞くこと）といった学習内容が設けられており，この国語科で学ぶ技能を用いて，歴史的，社会科的な内容に迫ることが有効であると考える。

国語科で身につけた力を生かしながら，歴史的分野で身につけた力と融合させ，歴史を追究する力を本単元で身につけさせたい。

時	主な学習活動	評価
1	**◆発表するテーマを決める** ・HP などを活用して，身近な地域の歴史にはどのようなものがあるかを調べる。 ・調べてわかったことの中から，自分が追究しようと思うテーマを決める。	・生徒の居住地域や学校の所在地域を中心とした自らが生活する地域の歴史について調べたり，収集した情報をまとめたりするなどの技能を身につけている。（知技）
2	**◆決めたテーマを調べる** ・決めたテーマについて各種の HP や文献資料などを活用し，有用な情報を集める。 ・集めた情報を記録する。 ※年間指導計画の位置づけに基づき，必要に応じて授業時数を調節する。	・生徒の居住地域や学校の所在地域を中心とした自らが生活する地域の歴史について調べたり，収集した情報をまとめたりするなどの技能を身につけている。（知技）
3	**◆調べたことをまとめる** 記録を基に発表を想定して情報を整理し，発表用の原稿や資料を作成する。 ※年間指導計画の位置づけに基づき，必要に応じて授業時数を調節する。	・比較や関連，時代的な背景や地域的な環境，歴史と私たちとのつながりなどに着目し，地域に残る文化財や諸資料を活用しながら身近な地域の歴史的な特徴を多面的・多角的に考察，表現している。（思判表）
4	**◆まとめたことを発表する** 準備した資料を基に発表会を行いお互いに評価し合い，学びの共有を図る。	・自らが生活する地域や受け継がれてきた伝統，文化への関心を高め，今後の歴史学習に向けて課題意識をもって歴史を追究し学ぼうとしている。（態度）

※本単元の実施に当たっては，国語科の指導との連携を図りながら実施時期の設定や教科横断的な指導の工夫といったカリキュラム・マネジメントの視点を重視して実施することが大変有効である。

授業展開例（第３時）

（１）パフォーマンス課題

あなたはCMディレクターです。これまで数々のCMを手がけ，無名の商品をヒット商品に変えてきました。

あなたの商品の価値を見抜く目や商品のよさをPRしようとする思いは業界随一で，あなたの右に出るものは誰もいません。

そんなあなたに突然，住んでいる地域からCM作成の依頼が舞い込みました。依頼の趣旨説明をしたいので一度市役所で担当者と会ってほしいと依頼され，あなたは説明を聞くことにしました。

市役所に着くとさっそく応接室に通され，担当者からの説明が始まりました。

「今日はお忙しい中，おいでいただきましてありがとうございました。さっそく，今回のCM企画の説明をさせていただきます。本市はご存知の通り，特に他の地域と変わりない普通の市です。しかし，それでは地域住民のモチベーションが上がらず，郷土を愛する気持ちが失われてしまいます。

そこで，地域の住民に我が市を誇りに思い，郷土を愛する気持ちをどうしたら掘り起こせるかと考えたところ，地域の歴史や伝統をクローズアップすればよいのではという意見が出てきました。そこで，本市の歴史や伝統を紹介する３分CMを作成してほしいと考えました。

あなたも本市の住民ですから我が市を思い，郷土を愛する気持ちをお持ちであるはずです。どうか，本市の素晴らしい歴史や伝統を紹介する３分CMを作成してはいただけませんか！」

担当者の熱い思いが自分にも伝わり，自分の中にも熱い思いがわいてきたあなたは，即OKの返事をして市役所を後にしました。

さて，あなたはさっそくCMづくりのための取材を始めます。

インターネットや図書館の本などを調べ，地域の歴史的なよさを調べていくのでした。そして，地域に関する歴史的な情報が集まり，それを厳選しながら３分CMづくりに入っていきます。

そして完成したCMは，市役所のホールで公開され，多くの地域住民たちの感想や意見をもらうことになります。さて３分CMの出来栄えはいかに…

（２）ルーブリックとその文例（ワークシートのスライド案及び発表原稿を評価する）

	パフォーマンスの尺度（評価の指標）
A	・B 評価の観点を満たしつつ，身近な地域の歴史や伝統を紹介する際に大きな工夫が見られたり，地域の歴史的な特徴を明確に考察，表現したりしている。
B	・比較や関連，時代的な背景や地域的な環境，歴史と私たちとのつながりなどに着目して，地域に残る文化財や諸資料を活用しながら身近な地域の歴史や伝統を紹介し，歴史的な特徴を多面的・多角的に考察，表現している。
C	・B 評価の観点に照らして，不十分な点が見られる。

（３）授業の流れ

①導入

前時までに集めた情報を再確認し，情報の重複や関連などについて整理していく。また，この段階で 6 枚のスライドを使ってどのように地域の歴史的なよさを表現していくかを大まかに考えておく。

②展開

整理したものを基に，6 枚のスライドで表現することを前提としてコマごとにスライド案を作成していく。スライドには重要情報のみ掲載するようにして，視覚的な情報量が多くなりすぎないように注意する，また，図表や写真など視覚資料を活用することで説得力や臨場感などを演出するよう指導する。それから，スライド作成時では，スライドに掲載する情報と口頭で説明する情報とを明確に分けながら，最終的な発表を想定して作成を進めさせる。

スライド案が完成したら，発表原稿の作成に入る。スライドに掲載した内容と重複が多くならないように配慮しながら作成する。また，文章の作成の際は，言葉遣いにも注意し，事実や意見が明確に伝わるよう留意させる。

③まとめ

スライド案と発表原稿が完成したらワークシートを提出して本時の学習活動を終了する。

★第 4 時の展開や発表について

第 4 時は，完成した 3 分 CM を発表する活動に充てている。充当できる授業時数の関係で内容を調整してほしい。時間がないようであれば，画用紙でスライド代わりのフリップを作成し発表させ，相互に評価し合う。評価カードを用意し，評価を発表者に返して改善の手立てに活用する。ICT 機器が使えるのであれば発表用ソフトを使ってスライドを作成して発表させてもよい。発表用ソフトの方が，フォントや資料の提示など簡単に工夫ができるので効果的である。また，発表用ソフトには，スライドを動画に変換する機能もある。発表原稿をコマごとに収録し，本物の 3 分 CM を作成することができる。各校の環境に合わせて工夫願いたい。

身近な地域の歴史的なよさを紹介する3分CMをつくろう

◆集めた情報を，スライドのコマに合わせて発表用に整理しましょう。

基本設定	1コマ	タイトル
	2コマ	テーマを設定した理由や思い
	3コマ	調査方法，調査結果①
	4コマ	調査結果②
	5コマ	調査してみての自分の意見
	6コマ	調査を終えての感想，これからの歴史学習に向けて

（1）集めた情報を基にして，スライドの原案をつくりましょう。

1	2
3	4
5	6

（2）集めた情報を基に発表用の原稿を考えましょう（各スライドの目安は30秒です）。

1	2
3	4
5	6

年　　　組　　　番：氏名

古代国家の王となって，日本の中に古代国家を成立させよう

生徒に身につけさせたい力

本単元は，中項目(1)古代までの日本を構成する 4 つの事項の最初にあたるもので，従前の大項目(2)の 3 つの中項目を，時間や空間の相違を明確に示す観点から 4 つの事項に再構成されたものの 1 つである。

本単元の中心となるねらいは，世界各地で文明が築かれたことを，古代文明や宗教が起こった場所や環境などに着目して，文明や宗教の特徴を比較して考察，表現しながら理解することにある。

本単元の学習を進める中で，諸文明や宗教の特徴を取り扱い，類似性などの観点を定めて「生産技術の発達，文字の使用，国家のおこりと発展」などの共通する特徴に気づく力を育てたい。

単元の目標

古代文明や宗教が起こった場所や環境などに着目して，事象を相互に関連させながら多面的・多角的に考察し，世界の古代文明や宗教の起こりを基に，世界の各地で文明が築かれたことを理解する。

単元の評価規準

知識・技能
・世界の古代文明や宗教の起こりを基に，世界の各地で文明が築かれたことを理解している。
思考力・判断力・表現力
・古代文明や宗教が起こった場所や環境などに着目して，事象を相互に関連させながら多面的・多角的に考察，表現している。
主体的に学習に取り組む態度
・世界の古代文明や宗教の起こりについて見通しをもって学習に取り組もうとし，学習を振り返りながら課題を追究しようとしている。

単元の指導計画

時	主な学習活動	評価
1	**◆人類の誕生** 人類の誕生と進化を生活環境の変化と関連づけて考察し，気候や食べ物など生活環境が大きく変化する中で人類が進化し，生活を発展させてきたことを理解する。	・生活環境が大きく変化する中で人類が進化し，生活を発展させてきたことを理解している。(知技) ・人類の誕生と進化を多面的・多角的に考察している。(思判表)
2	**◆世界の古代文明** 古代に起こった文明を比較しながら文明誕生の共通点について考察し，生産技術の発達，文字の使用，国家の起こりと発展などに共通性があることを理解する。	・世界の古代文明や宗教の起こりを基に，世界の各地で文明が築かれたことを理解している。(知技) ・文明を相互に関連させながら多面的・多角的に考察，表現している。(思判表)
3	**◆東アジアに見られた文明** 古代文明成立の共通点に着目し，古代中国の文明が成立した過程を理解するとともに，古代中国の文明が世界や日本に与えた影響について理解する。	・世界の古代文明や宗教の起こりを基に，中国で文明が築かれたことを理解している。(知技) ・文明を相互に関連させながら多面的・多角的に考察，表現している。(思判表)
4	**◆ギリシャやローマの文明** 古代ギリシャやローマで始まった民主政や共和政などの政治制度について考察し，現代の民主主義との共通点や相違点などについて理解する。	・現代の民主主義との共通点や相違点などについて理解している。(知技) ・古代ギリシャやローマで始まった政治制度を相互に関連させながら多面的・多角的に考察，表現している。(思判表)
5	**◆世界における宗教の始まり** キリスト教，イスラム教，仏教が起こった場所や環境，それらの広がりなどについて考察し，その共通点や相違点などについて理解する。	・宗教が起こった場所や環境，それらの広がりなどの共通点や相違点などについて理解している。(知技) ・宗教を相互に関連させながら多面的・多角的に考察，表現している。(思判表)
6	**◆古代国家成立の条件** 古代国家の王となった想定で，日本での古代文明成立地や国王としての国家運営を考える中で，世界の古代文明や宗教の起こりを総括する。	・古代文明や宗教が起こった場所や環境などに着目して，事象を相互に関連させながら多面的・多角的に考察，表現している。(思判表)

授業展開例（第６時）

（１）パフォーマンス課題

あなたは歴史の勉強が大好きな中学生です。週３回の歴史の授業を毎回楽しみにしています。中学校での歴史の授業が始まり，今は，人類の誕生から古代文明が誕生するくらいまでの内容を勉強しています。あなたは夢中になって歴史の学習に取り組んでいるのでした。

そのような，熱心に歴史の学習に取り組んでいるあなたを見て，歴史の授業を担当する先生が声をかけてきました。

「君はいつも熱心に歴史の勉強をしているね。歴史がとても好きなのかい？　そんな歴史が大好きな君に先生から特別な課題を出すよ。もし，君が古代国家の王様だったら，日本のどこに古代国家をつくるかい？　これまで世界の古代文明や宗教の起こりについて勉強してきただろう。古代国家の成立にはある程度の共通性があるよね。古代文明が成立するために必要な条件を整理して，もしも日本の中で古代文明が成立するとしたらここだという場所を示してみてくれないか？　そして，そこで国王としてどのような国家運営をしていくかを述べてくれ」

歴史の先生はあなたに特別な課題を出すと，微笑みながら去っていきました。突然の課題にあなたは茫然としていましたが，はっと我に返り，歴史の先生から出された課題を思い返します。

「古代国家が成立するための条件？　日本で古代国家が成立しそうな場所？　国王としての国家運営？…」

あなたは走って家に帰り，歴史の教科書や資料集，授業で使ったワークシートなどひっくり返して考え始めます。そして，自分なりに整理した古代国家が成立するための条件を眺めながらひらめきます。「俺が日本で古代国家をつくるのはここだぁ!!」

（２）ルーブリックとその文例

	パフォーマンスの尺度（評価の指標）
A	・評価基準Ｂの観点を十分に満たしたうえで，民主政治や宗教の起こりなどより深い視点から国家運営を考えている。
B	・本事項の学習の成果を生かしながら古代国家が成立するための条件を根拠として複数示し，日本で古代国家が成立するであろうと考えられる場所を明確に示すとともに，その場所を選定した理由や国王としての円滑な国家運営を適切に表現している。
C	・評価基準Ｂの観点をおおむね満たしているとは言えない。

（３）授業の流れ

①導入

冒頭（もしくは単元の最初）に示したパフォーマンス評価及びルーブリックを確認し，学習課題を把握させる。パフォーマンス課題を考えるにあたって留意させる点は，単なる場所選びにならないようにすることである。場所の選択は，様々な古代文明が成立するために必要な条件が一致する中で選ばれた，あくまでも最終結果であり，場所選択の理由を多面的・多角的に考察させることが重要である。また，パフォーマンス課題では，そこで国王としてどのような国家運営をしていくかということまで求めていることも確認する。

②展開

ワークシートにしたがって，古代文明が成立するために必要な条件とその理由を，これまでの学習の成果を生かして整理させる。この際，古代文明の成立条件だけでなく，多くの民の意見を取り入れて政治を行う民主政治の導入や生活の中で生じた不安を解消していくための宗教の起こりなど，より発展した国家運営の部分にまで意識を向けさせていきたい。その後，このワークシートの整理を基にして，場所選定と国家運営の論述に進んでいく。

③まとめ

完成した論述は，ぜひ共有したい。代表者による発表や掲示発表，また，相互の評価活動も行えるとより学習効果が高まる。各校の状況に合わせて配当時数を調整していただきたい。また，本事項やこのパフォーマンス課題の成果は，次の事項である日本列島における国家形成の学習の導入や基礎となることを意識して指導していただきたい。

評価基準Bの具体例（（２）の論述）

（例）私は九州地方北部，福岡県，佐賀県周辺を選びました。その理由は，比較的温暖で大きな川と平野があるからです。ここは広い土地と豊富な水があります。この自然条件は，肥沃な大地をつくり，多くの人々を養うだけの稲作や牧畜を可能にすると考えます。現在も筑後川周辺に広がる筑紫平野は九州地方を代表する米の産地であり，農業が盛んなことからもこの地域が選ばれます。ここに国家をつくった国王である私は，リーダーシップを発揮し，多くの民を従え，協力して農耕や牧畜に励んでいきます。また，隣国から攻められたときには，人々の先頭に立って軍を指揮し，協力して侵略を防ぎます。また，石器や土器はもちろんのこと，青銅器や鉄器をつくる技術を人々に広め，利便性の高い道具をつくって人々の生活を快適にしていきます。また，文字を発明して，これをうまく使い，コミュニケーションを活発にするだけでなく，国の重要なことや出来事，教訓などを記録し，後々の人々に伝えて繁栄を続ける努力をしていきます（さらに民主政治を行って多くの人々をよりよくまとめ，民の意見を反映しながら国家を運営していくことや，生活の中で生じた不安を解消していくために，宗教を大切にしていくなどのより発展した表現が見取れればA評価となる）。

古代国家の王となって，日本の中に古代国家を成立させよう

（1）これまでの学習の成果を振り返って，古代国家が成立するために必要な条件とその理由を整理しましょう。必要な条件とその理由は，同じ段になるように記入してください。

古代国家が成立するために必要な条件	その理由

（2）（1）での理由を基に，もしも古代国家を日本の中で成立させるとしたらどこがいいでしょうか。地図にその場所を示しながら，その理由を説明しましょう。また，そこで国王としてどのような国家運営をしていくかについても論述してください。

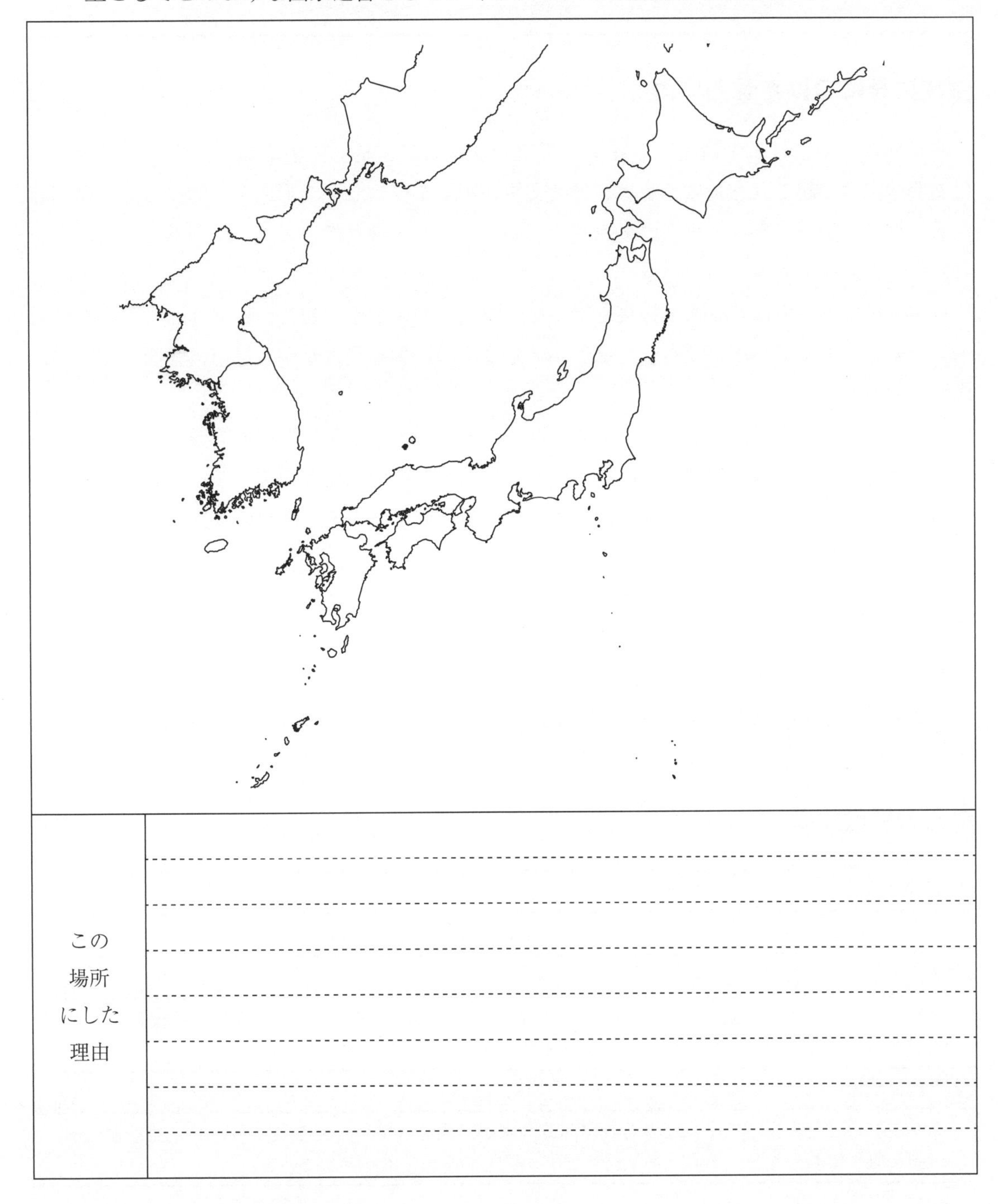

年　　組　　番：氏名

古代国家の王となって，古墳をつくる理由を説明しよう

生徒に身につけさせたい力

本単元は，中項目(1)を構成する 4 つの事項の 2 番目に位置し，前事項で追究した世界の古代文明や宗教の起こりを基に，東アジアの文明の影響を受けながら形成されていった我が国の国家の様子について事象を相互に関連させながら多面的・多角的に考察し，理解することをねらっている。

日本列島においては，狩猟・採集を行っていた人々の生活が，農耕の始まりとともに変化し，争いを繰り返す中で小国が誕生し，東アジアの文明の影響を受けながら次第に強固な国家が形成されていった。

こうした国家形成の流れは，前事項で学習した世界の古代文明の形成と共通する部分が多い。古代文明が起こった場所や環境，農耕の広まりや生産技術の発展との関連など，前事項での学習の成果を活用しながら，日本列島における国家の形成を多面的・多角的に捉える力を養いたい。

単元の目標

農耕の広まりと生活の変化，当時の人々の信仰，大和朝廷による統一と東アジアとの関わりなどに着目して，事象を相互に関連させながら多面的・多角的に考察，表現し，東アジアの文明の影響を受けながら我が国で国家が形成されていったことを理解する。

単元の評価規準

知識・技能
・東アジアの文明の影響を受けながら我が国で国家が形成されていったことを理解している。
思考力・判断力・表現力
・農耕の広まりと生活の変化，当時の人々の信仰，大和朝廷による統一と東アジアとの関わりなどに着目して，事象を相互に関連させながら多面的・多角的に考察，表現している。
主体的に学習に取り組む態度
・東アジアの文明の影響を受けながら我が国で国家が形成されていったことについて見通しをもって学習に取り組もうとし，学習を振り返りながら課題を追究しようとしている。

単元の指導計画

時	主な学習活動	評価
1	**◆縄文時代と弥生時代** 自然環境の違いや食料の調達方法，生産技術や使用する道具の違いなどに着目して事象を相互に関連させながら多面的・多角的に考察し，縄文及び弥生時代の人々の生活の特徴を捉え，どのように変化していったのかを理解する。	・縄文及び弥生時代の人々の生活の特徴を捉え，どのように変化していったのかを理解している。（知技） ・自然環境の違いや食料の調達方法，生産技術や使用する道具の違いなどに着目して事象を相互に関連させながら多面的・多角的に考察している。（思判表）
2	**◆日本列島における国家形成** 世界の古代文明の形成との共通点に着目し，農耕の広まりが生活や社会に与えた影響を多面的・多角的に考察するとともに，我が国に小規模な国家が誕生していったことを理解する。	・争いを繰り返す中で村落の集約化が進み，我が国に小規模な国家が誕生していったことを理解している。（知技） ・世界の古代文明の形成との共通点に着目し，農耕の広まりや村落間の争いが生活や社会に与えた影響を多面的・多角的に考察している。（思判表）
3	**◆古墳の出現と大和朝廷** 古墳の大きさやその分布を基に豪族の勢力の広がりを大きく捉え，大和朝廷の誕生と勢力拡大について事象を相互に関連させながら多面的・多角的に考察するとともに，大陸から移住してきた人々が我が国の社会や文化に果たした役割について理解する。	・大陸から移住してきた人々の我が国の社会や文化に果たした役割について理解している。（知技） ・古墳の大きさやその分布を基に豪族の勢力の広がりを大きく捉え，大和朝廷の誕生と勢力拡大について事象を相互に関連させながら多面的・多角的に考察している。（思判表）
4	**◆日本における古代国家とは** これまでの学習を振り返り，これまでの学習の成果を，「古墳の出現」を中心にウェビングマップで整理し，それを基に3世紀末から6世紀の間に古墳をたくさんつくるようになった理由を，根拠を示しながら多面的・多角的に考察し，表現する。	・単元の学習の成果を生かし，複数の歴史的事項を関連づけながら，3世紀末から6世紀までの時期に古墳がたくさんつくられた理由を複数の根拠を示しながら多面的・多角的に考察し，表現している。（思判表）

授業展開例（第４時）

（１）パフォーマンス課題

あなたは歴史の勉強が大好きな中学生です。週３回の歴史の授業を毎回楽しみにしています。歴史の授業は前の単元を終え，次の単元である「日本列島における古代国家」の学習に入りました。

あなたはもちろん毎時間気を抜かず一生懸命授業を受けています。この授業では，縄文時代と弥生時代，日本列島における国家形成，古墳の出現と大和朝廷と進んできました。３回目の授業が終わった後，歴史の先生がまた微笑みながら近づいてきたのでした。

「今回の授業も集中していたね。よく頑張っているな。そんな君を見ていたら，また特別な課題を出したくなったよ。いいかい？」

先生の微笑みには逆らえません。覚悟を決めて特別な課題を聞きました。

「よし，今度も古代国家の王様になってもらうよ。古代国家の王様は，何で古墳なんていうでっかい墓をつくったのだろうね。時代としては３世紀末から６世紀までの約300年間のことだが，この時期の日本で何が起こったのだろう？　古墳がたくさんつくられたという事実の中には，この時代に起こった様々な出来事が隠れているよ。単に権力を見せつけたいっていうことだけではなさそうだ。これまでの学習を振り返りながら，古代国家の王様になったつもりで，古墳をたくさんつくった理由を考えてみて」

歴史の先生はあなたに特別な課題を出すとまたもや微笑みながら去っていくのでした。

「また，大きな課題が出たな。古代国家の王様が古墳をつくった理由か…。３世紀末から６世紀までの時期に何があったけ？　まずは授業を振り返るところから始めるか」

そう思ったあなたは家に帰り，歴史の教科書や資料集，授業で使ったワークシートなどをひっくり返します。学習を振り返っているうちにあなたの頭の中で，古代の歴史がどんどんつながり始めます。あなたはすぐさま思いついたことを紙の上に並べていくのでした。

（２）ルーブリックとその文例

	パフォーマンスの尺度（評価の指標）
A	・評価基準Ｂの観点を十分に満たしたうえで，東アジアとのつながりなど国際的な視点からも考察し，表現している。
B	・単元の学習の成果を生かし，複数の歴史的事項を関連づけて３世紀末から６世紀までの時期に古墳がたくさんつくられた理由を複数の根拠を示し，多面的・多角的に考察し，表現している。
C	・評価基準Ｂの観点をおおむね満たしているとは言えない。

（3）授業の流れ

①導入

冒頭（もしくは単元の最初）に示したパフォーマンス評価及びルーブリックを確認し，学習課題を把握させる。パフォーマンス課題の場面設定は前単元と同じにしてあるので，単元の連続性をもたせるよう留意する。集落の形成と農耕との関係は世界の古代文明ができていった流れと共通性があるので関連づけたい。また，土地や水利，収穫物などをねらっての争いが起こってくるあたりも共通性があることに気づかせながら単元の授業を振り返る。

②展開

ワークシートの課題（1）を使って，これまでの学習を振り返り，これまでの学習の成果を，「古墳の出現」を中心にウェビングマップで整理させる。ウェビングマップをまだ活用したことがない場合は，整理の仕方やルールなどを丁寧に説明する。生徒がまだ慣れていないようであれば，グループで協働させながら進めてもよい。ここでの思考が，後の論述につながるので，多面的・多角的に考察させる。また，国内の動きだけでなく東アジアとのつながりなど国際的な視点にも留意させる。続いて完成したウェビングマップを参考にしながら，古代国家の王が古墳をたくさんつくるようになった理由を論述させる。ここでは，パフォーマンス課題のタイトルにある通り，古代国家の王という立場に立って流れを振り返らせたい。

富が増えればさらに増やしたい，争いが起これば人々をまとめて強力な武力をつくりたい，海外勢力とつながってさらに権力を拡大させたい，大きな権力をもったならば内外に誇示したいという気持ちが自然と理解できるだろう。古代国家の形成も強大な古墳の出現も起こるべくして起こった史実であり，その歴史の流れを容易に理解できるはずである。

③まとめ

完成したワークシートを提出して本時を終了する。

評価基準Bの具体例（（2）の論述）

（例）縄文時代，狩猟や採集を中心とする生活であった人々は，東アジアから渡来した人々が伝えた稲作が広がると，水田近くの台地に定住を始め，集落をつくるようになっていった。そして，人口が増加し，水田も拡大する中で複数の集落ができていくと，土地や水をめぐる争いが発生し，やがて複数の集落をまとめる有力な集落ができていく。この有力な集落が小規模な国へと発展していくのである（ここに有力の集落の中には東アジアの国と交流を行い，その国から権力を得て他の国より優位に立とうとしたなどの記述があればA評価とする）。

そして，有力者の中には多くの人々を従えるだけの強大な権力をもつ者も現れ，豪族となっていく。こうした豪族たちは巨大な豪族たちの連合体である大和朝廷をつくり，その権力を内外に誇示するようになった（ここに中国や朝鮮半島（渡来人）からの影響についての記述があればA評価とする）。

古代国家の王となって，古墳をつくる理由を説明しよう

（１）これまでの学習を振り返り，これまでの学習の成果を，「古墳の出現」を中心にウェビングマップ※で整理しましょう。

古墳の出現

※ウェビングマップとは，思いついたアイデアを次々と紙面に書き込み，そのアイデアをつなげていくイメージ図で，思考の整理に役立つ。また，そのアイデアが生まれた過程が可視化でき，その場面に戻って，また違うアイデアをつなげていくことができる。学習の成果などの情報を再構成し，それらの関係や傾向を見いだすために有効な思考ツールの一つである。

（2）完成したウェビングマップを参考にしながら，古代国家の王が古墳をたくさんつくるようになった理由を説明しましょう。

10

20

その結果，古墳がたくさんつくられるようになった!!

年　　組　　番：氏名

古代日本の主役は誰？

生徒に身につけさせたい力

本単元の中心は，古代日本がどのような形で国家を形成してきたか，ならびに政治の中心が天皇や貴族であったことを理解することにある。

そのときのモデルとなったのは，当時の先端国家であった中国であり，そこで用いられてきた律令であった。

つまり古代日本の国家形成は中国の影響を抜きにしては考えることができない。自国の歴史を捉えるためには外国との関係を捉える必要があることに気づき，関連づけることのできる力を育てたい。

単元の目標

東アジアとの関係に着目して古代の国家形成の過程を多面的・多角的に考察し，古代の日本が東アジアの文物を積極的に取り入れながら国家の仕組みを整え，その後，天皇や貴族による政治が展開したことを理解する。

単元の評価規準

知識・技能
・古代の日本が主に中国の文物を取り入れながら国づくりを行い，天皇・貴族を中心とした政治を行ったことを理解している。
思考力・判断力・表現力
・古代日本の国家形成の過程を，東アジアとの関係に着目して，事象を相互に関連させながら多面的・多角的に考察し，表現している。
主体的に学習に取り組む態度
・古代日本が形成されていく過程で主役となる人物は誰かについて，見通しをもって学習に取り組み，学習の成果を生かして改善を加え，よりよい考えをつくろうとしている。

単元の指導計画

時	主な学習活動	評価
1	**◆聖徳太子らの政治** ・聖徳太子や蘇我氏が行った遣隋使派遣，冠位十二階の制定，十七条の憲法制定などの諸政策の目的を，当時の国内の情勢と関連づけして考察し，理解する。 ・パフォーマンス課題を提示し，学習の見通しをもつ。	・聖徳太子らの政治の目的を，当時の不安定な政治情勢と関連づけて考察し，表現している。（思判表） ・聖徳太子らが天皇中心の政治体制をつくろうとしていたことを理解している。（知技）
2	**◆大化の改新の目的** 中大兄皇子らは何を目的として政治改革を行ったのか，天皇の権力がまだ不十分であったことや唐の近隣諸国への圧力への対応などと関連づけて考察し，理解する。	・大化の改新の目的を，国内及び国外の情勢と関連づけて考察し，表現している。（思判表） ・大化の改新が唐に負けない国を目指した改革であったことを理解している。（知技）
3	**◆律令による国家の仕組み** 律令ができたことによって日本がどのような仕組みとなったかを，国の統治の仕組みだけではなく人々の生活も含めて考察し，理解する。	・律令による国家の仕組みが，支配をやりやすくしただけではなく，人々に重い負担をかけていたことも考察し，表現している。（思判表） ・大宝律令の完成により，人々の負担の上に国家の仕組みが整えられたことを理解している。（知技）
4	**◆奈良時代の政治** なぜ聖武天皇は大仏をつくることにしたのか，政変が多発し疫病も発生した奈良時代の情勢から考察し，理解する。	・大仏造立の目的が，仏教の隆興だけではなく政治と結びついていることを考察し，表現している。（思判表） ・聖武天皇が仏教の力で不安定な政治情勢の改善を図ろうとしたことを理解している。（知技）
5	**◆平安京遷都とその後の政治** なぜ平安遷都や蝦夷討伐が行われたのかを，奈良時代からの課題と関連させて考察し，理解する。	・平安時代初期の遷都や戦いが天皇の権威と結びついていることを考察し，表現している。（思判表） ・平安遷都や蝦夷討伐が桓武天皇による国内をまとめるための政策であることを理解している。（知技）
6	**◆摂関政治** 藤原氏による摂関政治はどのような政治だったのかを，政治の中心は誰かに着目して考察し，理解している。	・天皇の年齢に関係なく藤原氏などの貴族が政治を進めていることを考察し，表現している。（思判表） ・摂関政治により政治の中心が天皇から貴族に移ったことを理解している。（知技）
7・8	**◆古代日本の主役は誰か** 古代日本が形成されていく過程で，最も重要な役割を果たしたと思われる人物を選び，その理由を説明する。	・古代日本の成立の主役について，誰がそれに該当するかを，古代日本の特色を考えながら考察し，表現している。（思判表）

授業展開例（第７・８時）

（１）パフォーマンス課題

あなたは歴史番組のディレクターです。今回歴史番組の企画として古代を取り上げることにしました。
しかし，古代は時代劇などでよく題材とされる戦国時代や幕末に比べてなじみが薄いです。
そこで古代に活躍した人物に焦点を当て，番組を作成することにしました。古代で最も活躍した人物は誰かを視聴者に選んでもらう企画としました。この企画をプロデューサーに相談すると，次のように言われました。

「“活躍した”だけだと判断基準がよくわからなくなる。
古代とはどんな時代だったんだ？
“その時代をつくり上げるのに最も活躍した人物”，としてはどうだろう」

プロデューサーの意見を取り入れたあなたは，「古代日本をつくり上げるのに最も重要な役割を果たした人物は誰？」というテーマで番組を企画することにしてみました。

企画会議の中で，この問いの答えは視聴者に委ねられるが，番組としてもどのような結果が出るかを事前に考えてみた方がよいのではないかという意見が出ました。
そこであなたはアシスタントを集め，誰が一番かを考えてみることになりました。

（２）ルーブリックとその文例

	パフォーマンスの尺度（評価の指標）
A	・古代日本をつくり上げるのに最も重要な役割を果たした人物は誰かについて，古代という時代がどのような時代なのかを国内だけではなく国外の状況と関連づけて明確にし，その時代をつくるのにどのような影響を与えた人物なのかを具体的な歴史的事象を例に挙げて説明している。
B	・古代日本をつくり上げるのに最も重要な役割を果たした人物は誰かについて，古代という時代がどのような時代なのかを明確にし，その時代をつくるのにどのような影響を与えた人物なのかを具体的な歴史的事象を例に挙げて説明している。
C	・古代日本をつくり上げるのに最も重要な役割を果たした人物は誰なのかの説明ができていない。 ・古代とはどのような時代なのかが説明できていない。

（３）授業の流れ

①導入

まずはパフォーマンス課題の確認から行う。重要な役割を果たした人物を選択するには，古代がどのような時代かを考えねばならない。そこで（１）として単元の復習を兼ねて，この時代に活躍した人物の名前を自由に出させることから始める。グループでの作業にして，付箋を活用すれば情報共有もしやすくなる。

②展開

（２）として古代の特徴を考える。教科書などを使って，（１）で挙げた人物たちが，どの時期にどのようなことを行ったかを整理する。そのうえで，古代の出来事から古代の時代の特徴を考えさせる。この時点ではまだ文化については学習していないので，“国づくり”という視点からどのような特徴があった時代なのかを考えさせる。

この作業もグループ作業とする。グループ作業とする意義だが，人物を選ぶにあたって，古代という時代がどのような時代なのかが決まらなければ選択することができない。時代観をもつことが難しい生徒も，グループで作成した（また情報共有した）時代観を活用して人物選択できると考える。

本時は２時間構成のため，古代はどのような時代なのかを考えるまでで１時間とし，２時間目にその内容を発表させる。そのうえで（３）としてその古代をつくり上げるのに一番重要な人物は誰かという選択を行う。（３）は個人作業とし，自分の考えをしっかりと記述させたい。

③まとめ

どの人物が最も重要な役割を果たしたかは，一つの決まった答えがない問いである。制度をつくる者，外国とかかわる者など多くの人物が役割を果たしながら時代がつくられていったことを認識させたい。このように歴史は視点によって様々な面が出てくるものであるので，今後の時代でも自分なりの歴史像を抱いていけるように指導していきたい。

評価基準Ａの具体例（（３）の論述）

（例）私は聖徳太子だと思います。その理由は，古代は天皇や貴族が中心になった時代だからです。聖徳太子は十七条の憲法を制定して，天皇の命令を聞くように定め，天皇中心という仕組みの基礎をつくりました。

また，遣隋使を派遣して中国との関係をつくりました。古代の日本は中国からたくさんの文化を受け入れていたので，中国との関係をつくった聖徳太子が一番重要な人物だと思います。

古代日本の主役は誰？

あなたは歴史番組のディレクターです。今回歴史番組の企画として古代を取り上げることにしました。

しかし，古代は時代劇などでよく題材とされる戦国時代や幕末に比べてなじみが薄いです。

そこで古代に活躍した人物に焦点を当て，番組を作成することにしました。古代で最も活躍した人物は誰かを視聴者に選んでもらう企画としました。この企画をプロデューサーに相談すると，次のように言われました。

「“活躍した”だけだと判断基準がよくわからなくなる。
古代とはどんな時代だったんだ？
“その時代をつくり上げるのに最も活躍した人物”，としてはどうだろう」

プロデューサーの意見を取り入れたあなたは，「古代日本をつくり上げるのに最も重要な役割を果たした人物は誰？」というテーマで番組を企画することにしてみました。

企画会議の中で，この問いの答えは視聴者に委ねられるが，番組としてもどのような結果が出るかを事前に考えてみた方がよいのではないかという意見が出ました。

そこであなたはアシスタントを集め，誰が一番かを考えてみることになりました。

	パフォーマンスの尺度（評価の指標）
A	・古代日本をつくり上げるのに最も重要な役割を果たした人物は誰かについて，古代という時代がどのような時代なのかを国内だけではなく国外の状況と関連づけて明確にし，その時代をつくるのにどのような影響を与えた人物なのかを具体的な歴史的事象を例に挙げて説明している。
B	・古代日本をつくり上げるのに最も重要な役割を果たした人物は誰かについて，古代という時代がどのような時代なのかを明確にし，その時代をつくるのにどのような影響を与えた人物なのかを具体的な歴史的事象を例に挙げて説明している。
C	・古代日本をつくり上げるのに最も重要な役割を果たした人物は誰なのかの説明ができていない。 ・古代とはどのような時代なのかが説明できていない。

年　　組　　番：氏名

（1）古代に活躍した人物にはどのような人物がいたか出してみましょう。

（2）彼らが行ったことから古代とはどのような時代なのかを，古代の国づくりの面から考えてみましょう。

古代の主な出来事など

古代とは

時代

（3）古代日本をつくり上げるのに最も重要な役割を果たした人物を考えましょう。

私は＿＿＿＿＿＿＿＿＿＿＿＿＿＿だと思います。その理由は，

古代日本文化のキーワードはこれ！

生徒に身につけさせたい力

本単元の目標は古代日本の文化の特徴はどのようなものかを理解することにある。前項では古代日本の形成が中国の影響を強く受けていたことを学習している。当然ながら文化も大陸から影響を強く受けている。

そのため，奈良時代までは国際色豊かな文化が形成されていくが，平安時代になると他国の影響を消化し独自の文化を形成することが可能となっていく。

このような文化の面でも日本が成長していく姿に気づく力を育てたい。

単元の目標

東アジアとの関係に着目して古代の文化の特徴を多面的・多角的に考察し，古代日本の文化が国際的な要素をもって栄え，それを基礎としながら文化の国風化が進んだことを理解する。

単元の評価規準

知識・技能
・古代の文化が国際的な要素をもって栄え，それを基盤に国風化していったことを理解している。
思考力・判断力・表現力
・古代日本の文化の発展を，東アジアとの関係に着目して，事象を相互に関連させながら多面的・多角的に考察し，表現している。
主体的に学習に取り組む態度
・古代日本の文化の特徴は何かについて，見通しをもって学習に取り組み，学習の成果を生かして改善を加え，よりよい考えをつくろうとしている。

単元の指導計画

時	主な学習活動	評価
1	**◆飛鳥文化と仏教** ・飛鳥時代の文化は大陸から伝来した仏教に起因した仏教文化であることを，法隆寺や飛鳥寺などの寺院や仏像から捉え，大陸からの影響を理解する。 ・パフォーマンス課題を提示し，学習の見通しをもつ。	・飛鳥文化の特色を大陸との関係に着目して考察し，表現している。（思判表） ・飛鳥文化が大陸から伝来した仏教の影響を受けた文化であることを理解している。（知技）
2	**◆天平文化とユーラシア** 正倉院の宝物などから，古代にユーラシア大陸から文物が多くもたらされ文化が形成されていったこと，また，万葉仮名の成立や自国で歴史を編纂することを始めたことなど，天平文化の特色を理解する。	・天平文化の特色を大陸の影響や自国の独自性に着目して考察し，表現している。（思判表） ・天平文化が大陸の影響を受けた国際色豊かな文化であると同時に，日本独自の文化の芽生えを見せていることを理解している。（知技）
3	**◆国風文化** 和歌の発達やひらがなの成立など，日本独自の文化が生まれた国風文化の特色を，大陸との関係を踏まえて理解する。	・国風文化の特色を大陸との交流と日本独自の文化の形成に着目して考察し，表現している。（思判表） ・国風文化が大陸からの文化の影響の上に日本独自の文化を形成したものであることを理解している。（知技）
4	**◆古代文化のキーワードはこれ** 古代の日本の文化形成におけるキーワードは何かについて考察する。	・古代日本の文化の特色を表すキーワードを，飛鳥文化・天平文化・国風文化それぞれの特色を捉えて考察し，表現している。（思判表）
5	**◆中項目のまとめ：古代とはどのような時代だったか** 古代という時代がどのような時代だったか，政治・文化・外交の観点から整理し，その特色を理解する。	・古代という時代の特色を，それぞれのテーマごとに整理し，その特徴の共通点を捉え，理解している。（知技）

授業展開例（第４時）

（１）パフォーマンス課題

> **あなたは歴史新聞の本を作成することになった編集者です。あなたの分担は「古代の文化」ということになりました。**
> **しかし各時代の文化を，「○○寺を誰々が建てた」とか，「△△の仏像には～な特徴がある」などと個別の説明を書いていっても読者に飽きられてしまうと考えました。そこであなたは飛鳥文化・天平文化・国風文化といった古代の文化の特徴を整理して，そこから古代の文化全体を表すことのできるフレーズを見出しに用いて紙面をつくろうと思い立ちました。**
>
> **まずは古代の文化がそれぞれにどのような特徴があるかを調べ，その特徴をまとめ上げることにしました。また紙面が文字ばかりでは寂しくなってしまうので，それぞれの文化の代表だと思われるものの写真を用意することにしました。**
> **各時代の文化をまとめ上げて，読者が「古代の文化」にはどのような特徴があったかを表現する見出しをつくり，そのような見出しにした理由を書いて紙面をつくりましょう。**

（２）ルーブリックとその文例

	パフォーマンスの尺度（評価の指標）
A	・古代の各文化の特徴を適切な資料を選択して整理し，そこから古代の文化全体の特徴を表す適切な見出しをつくり，その理由を当時の政治的背景も踏まえて具体的な歴史的事象を用いて述べている。
B	・古代の各文化の特徴を適切な資料を選択して整理し，そこから古代の文化の一部の特徴を表す適切な見出しをつくり，その理由を具体的な歴史的事象を用いて述べている。
C	・古代の文化全体の特徴を示す見出しがつくれていない。また見出しの説明ができていない。

（３）授業の流れ

①導入

まずは単元冒頭で示したパフォーマンス課題を確認するところから始める。古代の文化のまとめとして各文化の特徴を整理し，新聞の見出しをつくらせることで，古代の文化の全体像を捉えることを目的とする。

古代の文化には教科書レベルで飛鳥文化，天平文化，国風文化があったことを確認させる。その際，それぞれが何時代の文化で，同じ時代に活躍した人物には誰がいたかを確認することで時代感覚をもった文化史の学習になるよう心がけたい。

②展開

作業の手順としては，各時代の特色を整理するところから始めたい。この作業はグループで行うことで，理解が不十分な生徒にも各文化の簡単な内容を捉えることができるようにさせたい。しかし1単位時間での作業で3つの文化の内容をまとめることは，時間的に厳しいことが想定されるので，事前にワークシートを配付して宿題として埋めておく，もしくは単元の授業ごとに整理をワークシートにさせておくといった工夫があるとよいと考える。ここには各文化の特徴や具体物（例えば，法隆寺など）を箇条書きで記入させたい。

資料貼りつけの枠には生徒が各文化の代表的なものと考えるものを貼りつけさせたい。教科書や資料集の写真をコピーして貼りつける作業などが考えられるが，代替案として枠の中に何の資料を提示したいかを書かせるといったことも可能だろう。

ワークシート中心部の各時代の整理の作業が終われば，その内容をクラス全体で簡単に情報共有させたい。事前によい整理をしているグループなどに目星をつけておくことで，スムーズに情報共有したい。

情報共有が終われば，個人活動にしてワークシート上段の見出しを作成させる。古代の文化全体をまとめあげる見出しは何かを考えることで，個別的事象の羅列ではなく全体像を捉えることを意識させたい。

ワークシート下段の「編集後記」にはなぜその見出しにしたのかを記入させることで思考を整理させる。古代の文化をどのように捉えているかを，具体例を使って説明するように指示する。

③まとめ

まとめとして，何人かの生徒が考えた見出しと，それにした理由を発表してもらい，古代全体のイメージを深めさせたい。

この単元では文化を扱ったが，前単元である政治との関わりがとても大きい（特に仏教は国策として行われていた）ことを確認し，内容の関連づけを意識させたい。そうすることで次時における古代全体の時代像を捉えることにつながっていくはずである。

評価基準Aの具体例（編集後記の論述）

（例）『古代の文化はインターナショナル』

この見出しにした理由は，飛鳥文化の飛鳥寺の大仏や天平文化の正倉院の宝物など東アジアの影響が文化の中心になっているからです。国風文化は日本独自の文化が成長したものですが，外国の文化を日本風に受け入れて独自に発展させたものです。このような流れは遣唐使の派遣により律令など国づくりをはじめ，多くのことを中国から学んでいたことが背景にあります。よって，古代の文化は国際的であることを表す見出しにしました。

古代日本文化のキーワードはこれ！

あなたは歴史新聞の本を作成することになった編集者です。あなたの分担は「古代の文化」ということになりました。

しかし各時代の文化を，「○○寺を誰々が建てた」とか，「△△の仏像には～な特徴がある」などと個別の説明を書いていっても読者に飽きられてしまうと考えました。そこであなたは飛鳥文化・天平文化・国風文化といった古代の文化の特徴を整理して，そこから古代の文化全体を表すことのできるフレーズを見出しに用いて紙面をつくろうと思い立ちました。

まずは古代の文化がそれぞれにどのような特徴があるかを調べ，その特徴をまとめ上げることにしました。また紙面が文字ばかりでは寂しくなってしまうので，それぞれの文化の代表だと思われるものの写真を用意することにしました。

各時代の文化をまとめ上げて，読者が「古代の文化」にはどのような特徴があったかを表現する見出しをつくり，そのような見出しにした理由を書いて紙面をつくりましょう。

	パフォーマンスの尺度（評価の指標）
A	・古代の各文化の特徴を適切な資料を選択して整理し，そこから古代の文化全体の特徴を表す適切な見出しをつくり，その理由を当時の政治的な背景も踏まえて具体的な歴史的事象を用いて述べている。
B	・古代の各文化の特徴を適切な資料を選択して整理し，そこから古代の文化の一部の特徴を表す適切な見出しをつくり，その理由を具体的な歴史的事象を用いて述べている。
C	・古代の文化全体の特徴を示す見出しがつくれていない。また見出しの説明ができていない。

年　　　組　　　番：氏名

○○歴史新聞

古代の文化，その特徴は，

【飛鳥文化】

飛鳥文化の資料

【天平文化】

天平文化の資料

【国風文化】

国風文化の資料

編集後記

なぜ日本は強大な元軍を撃退できたのだろうか？

生徒に身につけさせたい力

本単元で捉えたいことは時代の転換である。鎌倉幕府の成立で政治の中心が貴族から武士へと転換していく。その武士も最初から力があったわけではなく，貴族社会の中で次第に大きな力をもつに至る。その推移を，様々な事象を関連づけたり，比較したりすることで捉える力を身につけさせたい。

また，元寇に関してもユーラシアという大きな動きの中で起きた出来事であり，世界的な視点で歴史を捉える力も継続して意識させていきたい。

単元の目標

社会の変化や武士が関わった争乱などに着目して，武士が成長し社会に進出する過程を多面的・多角的に考察し，主従の結びつきや武力を背景とした武家政権が成立し，その支配が広まったことを理解する。

単元の評価規準

知識・技能
・主従関係や武力を背景とした武家政権が成立し，その支配が広がっていったことを理解している。
思考力・判断力・表現力
・武士の成長と進出の背景を，争乱や社会の変化に着目して，事象を相互に関連させたり比較したりして多面的・多角的に考察し，表現している。
主体的に学習に取り組む態度
・なぜ日本が元寇に勝利できたのかについて，見通しをもって学習に取り組み，学習の成果を生かして改善を加え，よりよい考えをつくろうとしている。

単元の指導計画

時	主な学習活動	評価
1	**◆なぜ元寇は起きたのか** ・「蒙古襲来絵詞」を活用して元寇とはどのような出来事だったか，小学校での既習事項を復習する。また元の領域を示した資料から日本と元の大きさを比較させる。特に元がユーラシア大陸の大半を支配する世界帝国であったことを確認し，元寇がユーラシア世界全体の動きの中で起きた事件であることを理解する。 ・パフォーマンス課題を提示し，小単元への見通しをもたせる。	・元寇が起きた理由を，ユーラシア世界の動向と関連づけて考察し，表現している。(思判表) ・元寇が起きた理由とその大まかな経緯を理解している。(知技)
2	**◆武士の誕生と院政** 武士と都の貴族の関係を軸として，武士の立場の変化を考察する。院政期での争乱において，武士が決定的な役割を果たし，その後平清盛が権力を握ることになる過程を理解する。	・武士が権力を握ることができた理由を，貴族との関係に着目して考察し，表現している。(思判表) ・武士が権力をもつことができた理由を理解している。(知技)
3	**◆鎌倉幕府の成立** なぜ源頼朝は平氏に代わって武士の支持を得ることができたのかを，平氏との比較を通して考察し，幕府が成立した背景と将軍と御家人の関係を理解する。	・頼朝が武士たちの支持を得た理由を，平氏との比較から考察し，表現している。(思判表) ・頼朝が武士たちの支持を得て，鎌倉幕府を成立させたことを理解している。(知技)
4	**◆鎌倉武士の生活** 鎌倉幕府にしたがった御家人たちがどのような生活を送っていたかを，地頭の職分や将軍と御家人の関係で成立していた鎌倉幕府の仕組みを基に理解する。	・鎌倉武士の生活の特徴を，将軍との主従関係や鎌倉幕府の仕組みに着目して考察し，表現している。(思判表) ・鎌倉武士がどのような生活をしていたかを理解している。(知技)
5	**◆承久の乱** なぜ多くの武士がこれまで力をもっていた上皇ではなく，幕府に味方したのかと事件後の朝幕関係の推移を考察し，武家政権が確立していったことを理解する。	・武家政権が確立したことを，武士の動向に着目して考察し，表現している。(思判表) ・承久の乱の結果武家政権が確立したことを理解している。(知技)
6・7	**◆なぜ日本は強大な元軍を撃退できたのだろうか** これまでの学習を振り返り，日本よりもずっと大きな領域をもつ元軍の侵攻を日本が防ぐことができた理由を，平安時代末から鎌倉時代にかけての武士の成長を通して考察する。	・元軍を撃退できた理由を，時代の推移に着目して考察し，表現している。(思判表) ・日本が元軍を撃退できた理由を理解している。(知技)

授業展開例（第６・７時）

（１）パフォーマンス課題

> **あなたは大元帝国皇帝フビライの側近です。２度の日本侵攻の失敗を受けて，フビライ皇帝は非常に立腹してあなたを呼び出しました。**
>
> **「またしても日本に派遣した軍勢が敗れたと聞いた。偉大なるチンギス・ハーンの血を引く我が大元帝国が東の小国にやられっぱなしなわけにはいかない。当然３度目の軍勢を送るつもりだ。**
> **しかし，何の分析や研究もせずに戦っては２度あることは３度あるになってしまう。よってお前に命じる。**
> **なぜ日本は我が軍勢に勝つことができたのかを研究せよ。ただし，暴風が吹いたなどという理由では話にならんぞ。日本という国家がなぜ我々の国に勝てる国になっているのかを十分に調査せよ」**
>
> **あなたはフビライの命にしたがって，日本がなぜ元の軍勢を防ぐことができたのかを調査することになりました。**
> **今の日本の様子だけを調べては，日本という国の強さがわからないと思ったあなたは，少し前からの日本の国の歴史から調査することにしました。**
> **皇帝に満足してもらえるような調査結果を提出しましょう。**

（２）ルーブリックとその文例

	パフォーマンスの尺度（評価の指標）
A	・日本が元軍を撃退することができた理由を，鎌倉時代がどのような時代なのかを平安時代までとの違いを明確にして，日本の強さを具体的な事例を適切に用いながら説明している。
B	・日本が元軍を撃退することができた理由を，鎌倉時代がどのような時代なのかを平安時代までとの違いを明確にして説明している。
C	・日本が元軍を撃退することができた理由を，時代の違いを明らかにして説明していない。

（３）授業の流れ

①導入

本単元１時間目で確認した内容を復習する。元の領域を確認し，ユーラシア大陸の大部分を支配することに成功した強大な元と，東アジアの一小国である日本を確認する（当時の日本の範囲には北海道や沖縄は含まれないことも確認したい）。そのうえで，なぜ日本は元軍を撃退することができたのかを，最も疑問に思うであろう元皇帝フビライからその理由を分析せよとの下命を受けるというパフォーマンス課題の内容を確認する。

②展開

展開 1

（1）最初に日本において平安時代から鎌倉時代へと推移したことでどのような変化があったかを整理させる。違いを明確にするために，「平安時代では〜だったものが，鎌倉時代では〜である」という対応関係になるように，（1）の図中に箇条書きで記載させる。

（2）整理された変化を活用して，なぜ元軍を撃退できたのかという理由を考察させる。その際にはトゥールミン・モデルを活用する。その理由としては，日本における時代の変化がどのように元軍の撃退に関係するのかを，論理的にまとめる必要があるからである。トゥールミン・モデルは論理的な思考を視覚化することに有効であるが，意見を論理的に整理する際にも活用することができる。（2）まではグループでの作業とし，論理的になぜ元軍を撃退できたのかを，事実と理由づけを区別させて考察させたい。

本事例ではこのパフォーマンス課題の解決に 2 時間配当しているが，グループで（2）までを行わせるまでで 1 時間使いたい。

展開 2

前時間までに作成していたトゥールミン・モデルの内容をグループごとに発表し，情報を共有する。

（3）様々な情報を得て，（3）としてフビライに提出する報告書を作成する。この（3）については再度個人の考えを明確化させることを目的とする。自グループでの意見や他グループからの意見を総合して，自分の言葉で日本が元軍を撃退できた理由を整理する。

③まとめ

平安時代から鎌倉時代にかけてどのように時代が変わっているのかを，主体となる立場の変化から捉えることができていたかどうかを確認する。そして，元軍を撃退できた鎌倉幕府がどのような影響を受けたかを問い，次単元への関心を高める形をとりたい。

評価基準 A の具体例（（3）の論述）

（例）当時の日本は平安時代中期から登場して次第に力をつけてきた武士が，貴族たちに代わって鎌倉幕府をつくり上げて実権を握っていたので，その武力を背景に元軍と戦うことができた。さらに鎌倉幕府は将軍と御家人の主従関係で結ばれており関係は深かった。加えて承久の乱を経て朝廷との関係も幕府が上と明確になっていたので，日本が一丸となって戦うことができた。そのため，元軍を撃退できた。

なぜ日本は強大な元軍を撃退できたのだろうか？

あなたは大元帝国皇帝フビライの側近です。2度の日本侵攻の失敗を受けて，フビライ皇帝は非常に立腹してあなたを呼び出しました。

「またしても日本に派遣した軍勢が敗れたと聞いた。偉大なるチンギス・ハーンの血を引く我が大元帝国が東の小国にやられっぱなしなわけにはいかない。当然3度目の軍勢を送るつもりだ。
しかし，何の分析や研究もせずに戦っては2度あることは3度あるになってしまう。よってお前に命じる。
なぜ日本は我が軍勢に勝つことができたのかを研究せよ。ただし，暴風が吹いたなどという理由では話にならんぞ。日本という国家がなぜ我々の国に勝てる国になっているのかを十分に調査せよ」

あなたはフビライの命にしたがって，日本がなぜ元の軍勢を防ぐことができたのかを調査することになりました。
今の日本の様子だけを調べては，日本という国の強さがわからないと思ったあなたは，少し前からの日本の国の歴史から調査することにしました。
皇帝に満足してもらえるような調査結果を提出しましょう。

	パフォーマンスの尺度（評価の指標）
A	・日本が元軍を撃退することができた理由を，鎌倉時代がどのような時代なのかを平安時代までとの違いを明確にして，日本の強さを具体的な事例を適切に用いながら説明している。
B	・日本が元軍を撃退することができた理由を，鎌倉時代がどのような時代なのかを平安時代までとの違いを明確にして説明している。
C	・日本が元軍を撃退することができた理由を，時代の違いを明らかにして説明していない。

鎌倉時代のユーラシアの地図資料貼りつけ

（1）平安時代と鎌倉時代とではどんなことが変化したかをまとめましょう。

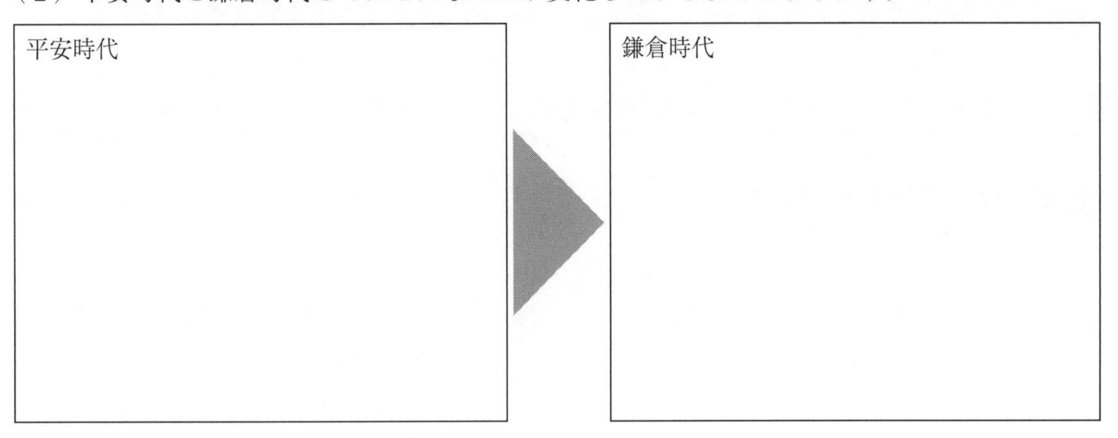

（2）日本が勝てた理由をまとめましょう。

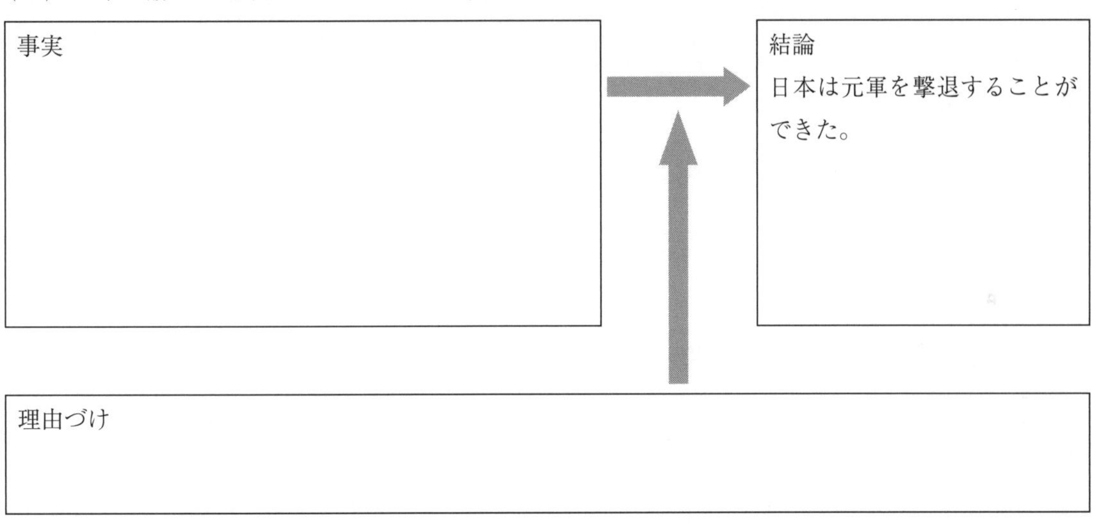

（3）報告書にまとめましょう。

フビライ様，日本が元軍を撃退することができた理由は以下の通りです。

年　　組　　番：氏名

混乱の室町時代，武士は勢力を強めたか？

生徒に身につけさせたい力

本単元の目標は主に室町時代の武家政治の拡大や東アジアとの関係を理解することにある。南北朝の争乱以降の歴史は極めて複雑な状況で，最終的には応仁の乱を経て戦国時代へとつながる。その中で結局武士たちは力を強めることができたか，それを幕府と武士たちとの関係に着目させて思考させたい。その際，学習指導要領にあるように「中世」としての意識を失わないよう，鎌倉時代との比較を取り入れて，中世全体としてどのように武家政治が拡大していったかを理解することができるようにしたい。また，当時は勘合貿易など東アジア全体で活発な交易が行われており，そのことと国内情勢との関連づけを忘れてはならない。

単元の目標

武家政治の展開や東アジアの交流に着目して，中世における政治の変化を多面的・多角的に考察し，武家政治の拡大や東アジア世界と深いつながりがあった時代であることを理解する。

単元の評価規準

知識・技能
・武家政治の拡大や東アジアの動きと深いつながりがあった時代であることを理解している。
思考力・判断力・表現力
・武家政治の拡大の推移を，国内の争乱やそれによる変化，東アジアとの関係に着目して，事象を相互に関連させながら多面的・多角的に考察し，表現している。
主体的に学習に取り組む態度
・室町時代に武士の力が強まったかどうか，見通しをもって学習に取り組み，学習の成果を生かして改善を加え，よりよい考えをつくろうとしている。

単元の指導計画

時	主な学習活動	評価
1	**◆鎌倉幕府の滅亡** ・元寇に勝利したにもかかわらず，なぜ鎌倉幕府は滅んだのかを，御家人の生活や北条氏の動向，後醍醐天皇の活動などを基に考察し，理解する。	・鎌倉幕府滅亡の理由を，幕府と御家人との関係に着目して考察し，表現している。(思判表) ・鎌倉幕府が武士の要求に応えられなく

	・パフォーマンス課題を提示し，学習の見通しをもつ。	なったことにより滅亡したことを理解している。（知技）
2	**◆南北朝の争乱と室町幕府** 南北朝の動乱が長く続いた背景を，それぞれに味方する武士の情勢の複雑さから考察し，理解する。	・南北朝の争乱が長く続いた理由を，武士が求めたものは何かに着目して考察し，表現している。（思判表） ・南北朝の争乱が恩賞を求める武士たちの動向に左右され長く続いたことを理解している。（知技）
3	**◆足利義満と勘合貿易** なぜ足利義満は明に朝貢するという形をとってまで勘合貿易を行ったのか，その理由を幕府と守護大名との関係や南朝との関係などを関連づけて考察し，理解する。	・足利義満が勘合貿易を行った理由を，鎌倉時代の守護と守護大名の違いや，幕府の置かれた立場に関連づけて考察し，表現している。（思判表） ・足利義満が貿易の利益や権威づけのために勘合貿易を行ったことを理解している。（知技）
4	**◆中世の東アジア交易** 中世の東アジアはどのようなつながりをもった世界だったのかを，琉球王国やアイヌの動向を中心に考察し，理解する。	・琉球王国の東アジア世界での活躍について，地理的な条件に着目して考察し，表現している。（思判表） ・琉球王国やアイヌなど東アジア世界が活発に交流していたことを理解している。（知技）
5	**◆応仁の乱と下剋上** 応仁の乱により社会がどのように変化していったのかを，その後各地で発生した下剋上に着目して考察し，理解する。	・応仁の乱について，守護大名の立場やこれまでの秩序の変化に着目して考察し，表現している。（思判表） ・応仁の乱の結果，守護大名を倒して戦国大名になる者が出るなど，これまでの秩序が壊れたことを理解している。（知技）
6	**◆戦国大名とは** 戦国大名の特色を，分国法や城下町の形成など独自の政策や室町幕府との関係から考察し，理解する。	・戦国大名とはどのような存在なのかを，守護大名との違いから比較して考察し，表現している。（思判表） ・戦国大名とは幕府の支配を上にもたない存在であることを理解している。（知技）
7	**◆室町時代に武士の力は強まったか** 室町時代に武士の力は強くなったか否かを，幕府と守護大名との関係や動向，国際関係などから考える。	・室町時代に武士の力が強まったかどうか，幕府の立場や守護大名との関係から考察し，表現している。（思判表）

授業展開例（第７時）

（１）パフォーマンス課題

時は戦国時代。あなたは幕府政治に批判的な考えをもつ南朝の流れをくむ公家に使える立場です。あなたの主（あるじ）はできれば幕府を倒し，朝廷の支配をよみがえらせたいと考えています。そのようなときにあなたは主から呼び出され質問されました。

「おかしいと思わないか？　今の世の中は争いが多く，とても混乱している。それはつまり武士どもの力は衰えたということではないか。
しかしながら，いつになっても朝廷中心の世の中は帰ってこない。これはいったいどういうことだ。武士の力は衰えたのだろう⁉」

あなたは主に武士の状況を報告することになりました。しかしながら，武士の力は残念ながら弱まってはいません。そのことを主に理解してもらうためには，丁寧な説明が必要です。主に納得してもらえるような説明を考えましょう。

（２）ルーブリックとその文例

	パフォーマンスの尺度（評価の指標）
A	・室町時代に武士たちが支配する力を拡大させていくことができた理由を，国内の動向や東アジアとの交流などの具体的な事例を理由として使い，多面的・多角的に考察し，鎌倉時代との違いも踏まえて，その結果をわかりやすくまとめて表現している。
B	・室町時代に武士たちが支配する力を拡大させていくことができた理由を，国内の動向や東アジアとの交流などの具体的な事例を理由として使い，多面的・多角的に考察し，その結果をわかりやすくまとめて表現している。
C	・室町時代に武士たちが支配する力を拡大させていった理由を説明できていない。

（３）授業の流れ

①導入

室町時代は混乱の時代である。室町幕府は存在したものの各地で争いが起き，一時期を除いて安定しているとは言い難かった。そのため，生徒にとっても理解が難しい時代である。そこでこの単元のパフォーマンス課題では，混乱した状態であっても武士たちの支配力は強まったことを考察させる内容となっている。

導入では，パフォーマンス課題の確認だけではなく，室町時代の混乱の様子も単元の授業を補足する形で説明しておきたい。

②展開

（1）ではフィッシュボーンという思考ツールを活用し，各自が主（あるじ）に伝えるべき内容を作成する。

フィッシュボーンには実線部分にどのような内容かを書かせ，破線部分にどのように力が強まったかを文章表現させる。このような作業を経ることによって，論理的な意見を述べることができる力を身につけさせたい。

また，鎌倉時代と比較するとどうかと問うことで，比較する中から自然と室町期の武士の力の大きさが感じられると考える。

（1）については個人作業を想定しているが，学級や生徒の状況に応じてグループ作業で行うこともできる。

（2）では，（1）で出した内容を整理することで，主を納得させる文章を書かせる。フィッシュボーンで書いた内容が，きちんと武士の力が強まったということにつながるものとなっているかを机間指導などで確認しながら作業させていきたい。

③まとめ

結局室町時代を通じて朝廷はほとんどの権力を幕府，すなわち武士に吸収されてしまい力を失うことになった。武力をもつ武士だからこそ，争いの中で力を伸ばしていったことを説明したい。また，ここで取り上げた存在は武士のことである。庶民がこの時代にどのように生きていたかについては次単元の内容となる。

「庶民はどうしていただろう？」などと発問しておくことで，次単元の生徒の取組が大きく異なるはずである。

評価基準Aの具体例（（2）の論述）

（例）室町時代は確かに争いも多く混乱はしていましたが，武士たちは守護大名として国司の権限を吸収したり国内の武士をしたがえたりするなど，争いに対応するために支配力を強めました。これは鎌倉時代の守護にはなかったことです。

また，室町幕府も朝廷の権限を吸収して朝廷の力を奪いました。

それから，東アジアとの交易を行ってその利益も得ていることを考えると，武士たちの力は強まったものと考えられます。

混乱の室町時代，武士は勢力を強めたか？

時は戦国時代。あなたは幕府政治に批判的な考えをもつ南朝の流れをくむ公家に使える立場です。あなたの主（あるじ）はできれば幕府を倒し，朝廷の支配をよみがえらせたいと考えています。そのようなときにあなたは主から呼び出され質問されました。

「おかしいと思わないか？　今の世の中は争いが多く，とても混乱している。それはつまり武士どもの力は衰えたということではないか。
しかしながら，いつになっても朝廷中心の世の中は帰ってこない。これはいったいどういうことだ。武士の力は衰えたのだろう⁉」

あなたは主に武士の状況を報告することになりました。しかしながら，武士の力は残念ながら弱まってはいません。そのことを主に理解してもらうためには，丁寧な説明が必要です。主に納得してもらえるような説明を考えましょう。

	パフォーマンスの尺度（評価の指標）
A	・室町時代に武士たちが支配する力を拡大させていくことができた理由を，国内の動向や東アジアとの交流などの具体的な事例を理由として使い，多面的・多角的に考察し，鎌倉時代との違いも踏まえて，その結果をわかりやすくまとめて表現している。
B	・室町時代に武士たちが支配する力を拡大させていくことができた理由を，国内の動向や東アジアとの交流などの具体的な事例を理由として使い，多面的・多角的に考察し，その結果をわかりやすくまとめて表現している。
C	・室町時代に武士たちが支配する力を拡大させていった理由を説明できていない。

年　　　組　　　番：氏名

（1）武士たちが力を強めた理由を整理しましょう。

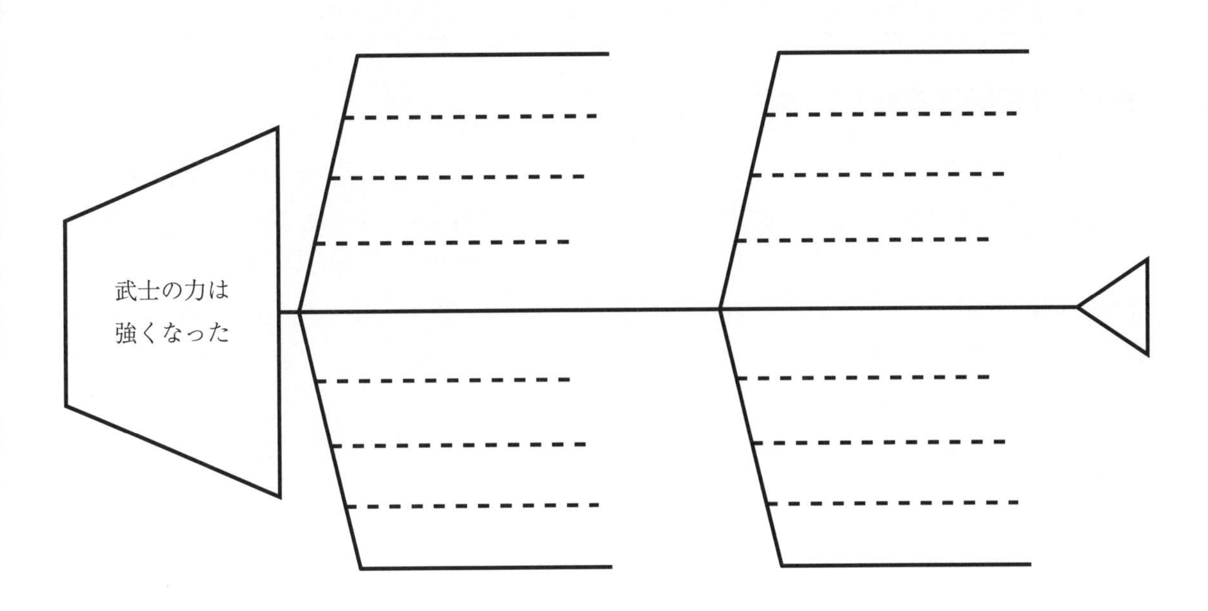

（2）主に報告するために，武士たちの力が強まった理由をまとめましょう。

なぜ中世に庶民は力を伸ばしたか？

生徒に身につけさせたい力

本単元での主役は，庶民である。歴史の学習をしていると，どうしても主役が政治家たちとなる。しかし，そういった一方向からの視点では正しく歴史を捉えることができない。中世になると庶民たちが成長を遂げ，自治を行うようになり，最終的には守護大名を倒すまでに至る。なぜそのようなことが可能になったのかを，産業の発展及び既習事項である社会の変化から考察する力を育てたい。また，文化に関しても古代までとは異なり，庶民が担う要素が出てくる。このような庶民の視点をもって歴史を捉えることができる力の育成を図りたい。

単元の目標

農業や商工業の発達に着目し，中世の庶民の成長の様子を多面的・多角的に考察し，民衆の成長を背景とした社会や文化が生まれたことを理解する。

単元の評価規準

知識・技能
・中世に民衆の成長を背景とした社会や文化が生まれたことを理解している。
思考力・判断力・表現力
・中世の庶民の成長の様子を，農業や商工業の発達に着目して，事象を相互に関連させながら多面的・多角的に考察し，表現している。
主体的に学習に取り組む態度
・なぜ中世に庶民は成長できたのかについて，見通しをもって学習に取り組み，学習の成果を生かして改善を加え，よりよい考えをつくろうとしている。

単元の指導計画

時	主な学習活動	評価
1	**◆立ち上がる庶民** ・室町時代に庶民が土一揆を起こしたり，武士と結んで国一揆や一向一揆を起こす姿から，この時代の庶民はどのような存在となっているかを古代の庶民の姿と比べて理解する。	・中世の庶民の姿を，古代の庶民の姿と比較して考察し，表現している。(思判表) ・中世の庶民は古代の庶民とは違い権力者に対抗することができることを理解

	・パフォーマンス課題を提示し，学習の見通しをもつ。	している。（知技）
2	**◆中世の農業の発展** 鎌倉時代から室町時代にかけて，農業がどのように変化し，人々にどのような影響があったかを灌漑技術，肥料，二毛作など栽培方法，商品作物の栽培などを通して理解する。	・中世の農業の特色を，生産方法や生産量，生産している作物に着目して考察し，表現している。（思判表） ・中世の農業は技術向上により生産量が伸び，自給作物以外も生産するようになったことを理解している。（知技）
3	**◆中世の商業の発展** 鎌倉時代から室町時代にかけて，商業がどのように変化し，人々にどのような影響があったかを市の成立，手工業の発達や座の成立，馬借などの活動や関所の設置などを通して理解する。	・中世の商業の特色を，貨幣経済の発達や諸産業の発達と関連づけて考察し，表現している。（思判表） ・中世の商業は手工業も発達し売買が活性化し，座などの権利を獲得するものもいたことを理解している。（知技）
4	**◆鎌倉時代の文化** 鎌倉時代の文化の特色を，この時代の特色を踏まえて，この時期新たに支持を得始めた仏教の教えや，この時期つくられた建築，文学などから理解する。	・鎌倉文化の特色を，時代背景に着目して考察し，表現している。（思判表） ・鎌倉時代には争乱の時代背景により新たな仏教の教えが支持されたり，武士の生活の影響を受けた文化が生み出されたことを理解している。（知技）
5	**◆室町時代の文化** 室町時代の文化の特色を，建築や芸術などから読み取り，地方への影響，庶民の生活の変化を意識して理解する。	・室町時代の文化の特色を，庶民の成長や影響範囲に着目して考察し，表現している。（思判表） ・室町時代には庶民まで広がり，かつ地方にまで広がる文化が生まれたことを理解している。（知技）
6	**◆村や町の自治** 室町時代に畿内を中心に惣村が生まれ自治が行われたり，堺などの都市で自治が行われたりした背景を，室町時代の政治情勢や庶民の動向から考え，理解する。	・室町時代に庶民により自治が行われた理由を，庶民たちの置かれた情勢に着目して考察し，表現している。（思判表） ・庶民たちが権力者の庇護が期待できない中，自らの身を守るために自治を行ったことを理解している。（知技）
7	**◆なぜ中世に庶民は成長したか** 中世に庶民が自治や権力者への抵抗が行えるようにまで成長した理由を，諸産業や鎌倉から室町という時代背景から多面的・多角的に考察する。	・中世の庶民が成長した理由を，時代の政治状況や産業の発展などに着目し，その理由を多面的・多角的に考察し，表現している。（思判表）
8	**◆中項目のまとめ：中世とはどのような時代か** 中世とはどのような時代だったかを大観し，この時代の特色を古代との比較から整理し，理解する。	・中世の時代の特色を，古代との比較をする中で整理し，理解している。（知技）

授業展開例（第7時）

（1）パフォーマンス課題

あなたは室町幕府に仕える奉公衆（室町将軍の直臣）の1人です。
ある日将軍から呼び出しを受け，将軍に拝謁するため花の御所（室町将軍の邸宅）を訪れました。

あなた「上様（将軍のこと），お呼びでしょうか」
将　軍「最近の庶民の行動は今までになく過激で手に余る。そもそも我が国では庶民が立ち上がって幕府や朝廷に何かを要求するなどなかったことだ。そこでお前に命じる。なぜ今になり庶民たちの活動が活性化しているのか，それを調べてまいれ。原因がわかれば対応の方法も思いつくかもしれん。大急ぎで調べよ！」

あなたは将軍の命令にしたがい，庶民がなぜ活発な活動をするようになったのかを調べ始めました。

（2）ルーブリックとその文例

	パフォーマンスの尺度（評価の指標）
A	・中世の庶民が活発に行動するようになった理由を，産業の発展や経済，文化の動き，社会の変化に着目して考察し，具体的な歴史的事象を例に多面的に説明している。
B	・中世の庶民が活発に行動するようになった理由を，産業の発展や経済，文化の動きに着目して考察し，具体的な歴史的事象を例に多面的に説明している。
C	・中世の庶民が活発に行動するようになった理由を説明できていない。

（3）授業の流れ

①導入

本単元冒頭で時系列を崩して，庶民が幕府や守護大名に対して敵対的な行動をとっている内容を学習している。

これまでの日本の歴史の中で大々的な庶民の運動はなかった。まさに「日本開闢（かいびゃく）以来」の出来事なのである。

そのうえで庶民の行動に悩んでいる室町将軍からの下問という形でのパフォーマンス課題となっている。

幕府でも対処に困る庶民の運動があったことを確認させてから作業に入らせたい。

②展開

（１）では「産業の発展」「文化について」「社会の変化」の３つの項目を設定したＹ字チャートを活用して庶民成長の理由に迫らせる。まずチャートの中央部に庶民が成長したと思われる内容を記入させ，それを可能にした背景を３つの項目別に記入させる。

本単元での学習内容から言えば「産業の発展」「文化について」が基本であるが，政治の動向も大いに関係すると考え，３つ目の項目として「社会の変化」を設定した。

この項目へは主に前単元で学習した内容が入ることになる。知識を関連づけながら記入するように促したい。

（２）ではＹ字チャートの内容を整理し文章化させる。意見の根拠を明確にできるように気をつけさせたい。

（１）はグループでの活動，（２）は個人での活動を想定している。

③まとめ

これまでの日本の歴史では庶民がクローズアップされる場面は極めて稀であったが，中世に入ると庶民の活動が見えてくるようになる。歴史は権力者だけがつくるのではないことを伝えたい。

また，この時代は庶民が自治活動をせねばならないほど，公的な権力による庇護がなかった時代とも捉えることができる。中世は「自力救済の時代」とも言われるが，次の時間における中世のまとめにつなげていきたい。

評価基準Ａの具体例（（２）の論述）

（例）庶民たちが活動を活発化させた理由は，農業などの産業が発達し生産力が増え，生活に余裕が出たことが考えられます。そのため，庶民は土一揆を起こしたり，自治を始めたりと行動するようになったのです。

また，文化の面でも鎌倉以降庶民の間にも仏教が浸透したり，上様の好きな能楽も庶民の芸能から生まれたりするなど庶民の質が向上してきております。

そのような中で，幕府の力が衰えていっているわけですから庶民の活動は自らの生活を守るためにも活性化しているのだと考えます。

なぜ中世に庶民は力を伸ばしたか？

あなたは室町幕府に仕える奉公衆（室町将軍の直臣）の１人です。
ある日将軍から呼び出しを受け，将軍に拝謁するため花の御所（室町将軍の邸宅）を訪れました。

あなた「上様（将軍のこと），お呼びでしょうか」
将　軍「最近の庶民の行動は今までになく過激で手に余る。そもそも我が国では庶民が立ち上がって幕府や朝廷に何かを要求するなどなかったことだ。そこでお前に命じる。なぜ今になり庶民たちの活動が活性化しているのか，それを調べてまいれ。原因がわかれば対応の方法も思いつくかもしれん。大急ぎで調べよ！」

あなたは将軍の命令にしたがい，庶民がなぜ活発な活動をするようになったのかを調べ始めました。

	パフォーマンスの尺度（評価の指標）
A	・中世の庶民が活発に行動するようになった理由を，産業の発展や経済，文化の動き，社会の変化に着目して考察し，具体的な歴史的事象を例に多面的に説明している。
B	・中世の庶民が活発に行動するようになった理由を，産業の発展や経済，文化の動きに着目して考察し，具体的な歴史的事象を例に多面的に説明している。
C	・中世の庶民が活発に行動するようになった理由を説明できていない。

年　　組　　番：氏名

（1）庶民がどのように力をつけてきたのかを，以下の図に項目別に書き込むことで整理しましょう。

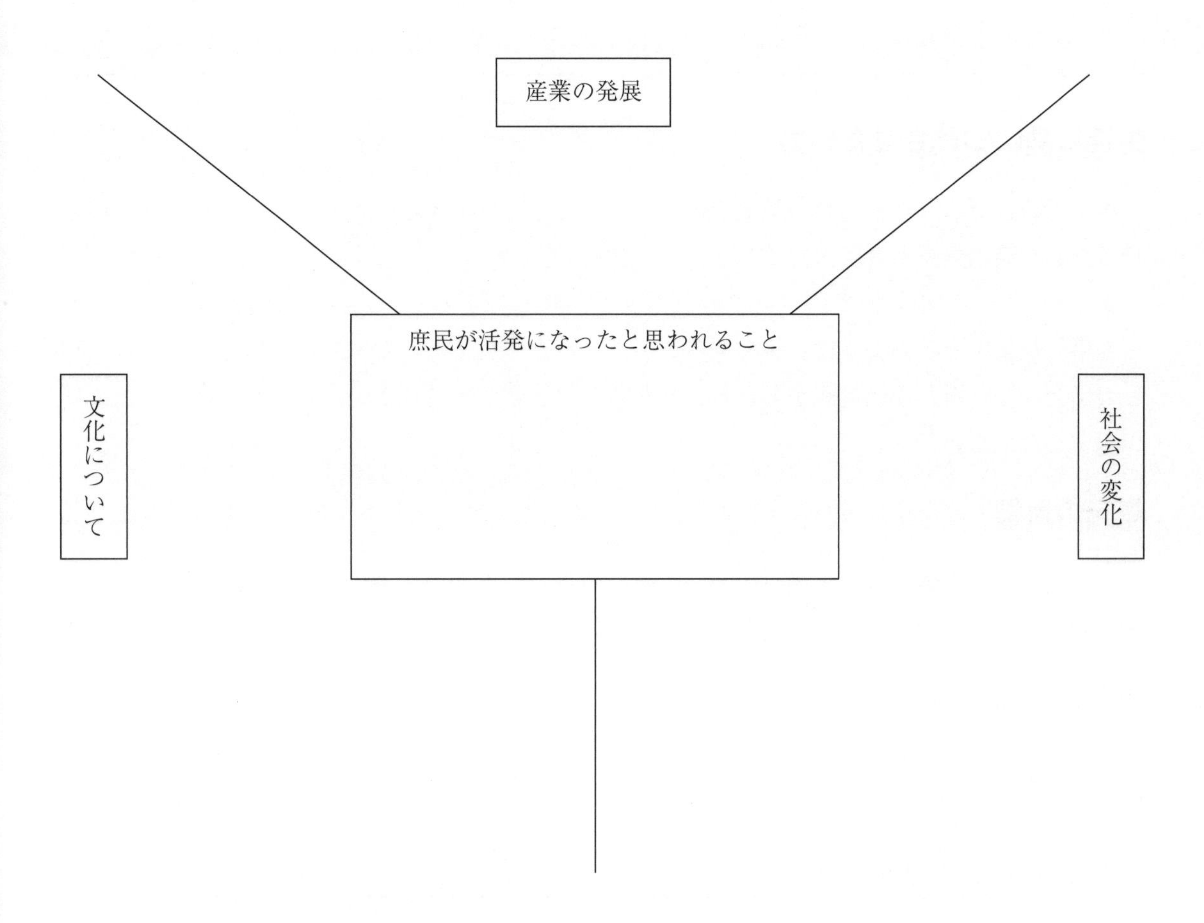

（2）（1）の図を活用して，なぜ中世の庶民は活発になったのかを将軍に説明するための文を書きましょう。

信長・秀吉，彼らは社会をどう変えたのか？

生徒に身につけさせたい力

本単元の目標は，近世社会の基礎がつくられたことを理解することである。そして，それを行ったのが織田信長や豊臣秀吉である。

2人については小学校での学習でも取り上げられているので，人物的な内容ではなく，彼らの事績が歴史上どのように意義のあることだったかを捉えることに主眼を置く。ヨーロッパとの出会いなど新たな価値観がもたらされた時代に，新しい時代がつくられていったことに気づく力を育てたい。

単元の目標

ヨーロッパの変動や織田・豊臣の統一事業に着目して，その日本への影響と結果を多面的・多角的に考察し，近世社会の基礎がつくられたことを理解する。

単元の評価規準

知識・技能
・織田・豊臣の統一事業によって近世社会の基礎がつくられたことを理解している。
思考力・判断力・表現力
・近世社会の基礎がつくられていく過程を，ヨーロッパの影響や織田・豊臣の統一事業に着目して，事象を相互に関連させたり比較したりして多面的・多角的に考察し，表現している。
主体的に学習に取り組む態度
・信長や秀吉のすごさは何かについて，見通しをもって学習に取り組み，学習の成果を生かして改善を加え，よりよい考えをつくろうとしている。

単元の指導計画

時	主な学習活動	評価
1	**◆中世ヨーロッパと宗教改革** ・宗教改革が起きた背景を，イスラム世界との交流，ルネサンスなどの社会と人々の考え方の変化から読み取り，理解する。 ・パフォーマンス課題を提示し，学習に見通しをもつ。	・宗教改革が起きた背景を，ヨーロッパでの価値観の変化に着目して考察し，表現している。(思判表) ・宗教改革がルネサンスの影響を受けて起きたことを理解している。(知技)

2	**◆ヨーロッパ人の世界進出** 15世紀後半からのヨーロッパ人が世界の様々な地域に進出した理由を読み取り，同時にアフリカや南北アメリカで犠牲となっていった人々のことも理解する。	・ヨーロッパ人の世界進出の背景を，進出先地域や宗教と関連づけて考察し，表現している。（思判表） ・ヨーロッパ人の世界進出が貿易拡大や布教を目的としていたことを理解している。（知技）
3	**◆なぜ日本に教会が** 16世紀の日本にキリスト教が伝来した理由を，既習事項を活用して考察し，南蛮貿易が始まったことの影響を理解する。	・日本にキリスト教が伝来した理由や南蛮貿易の影響を，ヨーロッパの社会変化に着目して考察し，表現している。（思判表） ・キリスト教伝来がヨーロッパの世界進出の一環であること，南蛮貿易によって鉄砲など新たな文物が日本にもたらされたことを理解している。（知技）
4	**◆信長の統一事業** 信長が天下統一を進めていく過程で，どのような抵抗勢力があったかを読み取り，信長の諸政策がそれら勢力とどのように関係していたかを理解する。	・信長の統一事業の特色を，中世社会との比較から考察し，表現している。（思判表） ・信長の統一事業は中世まで力をもっていた勢力との戦いであったことを理解している。（知技）
5	**◆秀吉の統一事業** 統一を完成させた秀吉が行った検地や刀狩りなどの政策から，秀吉がどのような社会をつくろうとしていたかを読み取り，理解する。	・秀吉の統一事業の特色を，中世社会との比較から考察し，表現している。（思判表） ・秀吉の統一事業により中世の体制を打ち破り新たな体制を築いたことを理解している。（知技）
6	**◆桃山文化** 安土桃山時代の文化の特色を，この時代の建築，芸術，風習，ヨーロッパの影響などから見いだし，理解する。	・桃山文化の特色を，ヨーロッパの影響や社会の変化に着目して考察し，表現している。（思判表） ・桃山文化は統一事業が進む中で生み出された豪華でヨーロッパの影響も受けた文化であることを理解している。（知技）
7	**◆信長や秀吉は社会をどう変えたのか** 統一を成し遂げた信長や秀吉は社会をどのように変化させたのかを，これまでの時代との変化に着目して，考察する。	・信長や秀吉がどのように社会を変えたのかを，中世との比較や時代の文化に着目して考察し，表現している。（思判表）

授業展開例（第７時）

（１）パフォーマンス課題

あなたはTV局のプロデューサーです。次年度に１年間かけて放送する時代劇番組として，織田信長と豊臣秀吉の２人をダブル主人公とした企画書を上司に提出しました。すると時代劇は今まで担当したことのない上司が言いました。

上　司「あのさ，時代劇というと，どれもこれも信長だ秀吉だと，この人たちばかりだろ？　いつも同じで面白くないんだよ。そもそもさ，この信長とか秀吉とかって何がすごいわけ？」
あなた「いや，彼らは時代を変えた英雄で…」
上　司「だから何を変えたってのよ？　私には全然わからないんだよね。よしわかった。彼らのすごさがちゃんと伝わるようなプレゼンをしなさい。私がそのプレゼンを聞いてちゃんとすごさを理解できたら企画を通してあげよう。あ，でも多くのライバルを倒したとか，天下を統一したとか，もうわかっていることだけじゃだめだからね」

チームのみんなとつくり上げた企画を通すためにも，上司を納得させるプレゼンをしなくてはいけなくなりました。信長や秀吉が時代を変えた英雄であることを上司に示しましょう。

（２）ルーブリックとその文例

	パフォーマンスの尺度（評価の指標）
A	・信長や秀吉がどのように時代を変えたのかを，彼らが実行した政策や時代背景，文化などを活用して，それまでの時代との変化を説明している。また信長と秀吉の違いを明確にしている。
B	・信長や秀吉がどのように時代を変えたのかを，彼らが実行した政策や時代背景，文化などを活用して，それまでの時代との変化を説明している。
C	・信長や秀吉のすごさを，時代の変化に関係させて説明できていない。

（３）授業の流れ

①導入

パフォーマンス課題を確認して，信長と秀吉のすごさを，「時代を変える」という点に着目して考察することを説明する。そのために，前単元までに学習している中世の知識が必要となる。適宜既習事項を確認しながら作業する必要性を伝えておきたい。

②展開

（1）で復習として信長と秀吉の事績を整理させる。統一事業の過程自体は重視せず，どのような政策を行ったかを重視して整理させたい。その後（1）とリンクしている（2）を行わせる。信長たちの政策の対象となったものは，信長らが出てくるまでどのような存在だったかを調べさせる。ワークシートには例示として信長の政策である「関所の廃止」を示した。信長は経済政策の一環として関所の廃止を行ったが，（2）では信長が廃止するまで関所はどのような存在だったかを記入する。中世における関所は寺社や荘園領主などにより任意に設置され収入源とされていたものである。信長はこれを廃止し，経済活動を活発にしたと考えられている。このように信長らの政策により変化する前の状況を記入させ，信長らによる変化を確認させたい。この関所の廃止を例として解説を加えて作業に当たらせたい。

（3）では信長・秀吉のすごさを整理して文章化する。彼らの活動はどう時代の変化に影響を与えたかを中心に考察させたい。その際，信長と秀吉の役割を区別して記述できればなおよい。信長の事績は旧世代の勢力との対決が中心であり，秀吉の事績はそのうえで新たな秩序を構築したところにある。つまりは中世的な物事を克服し，次の時代の基盤をつくり上げたことこそが彼らのすごさということになるであろう。

本単元前半部分には，宗教改革や大航海時代など日本の歴史を深く追究するための世界史の内容が設定されている。西洋との出会いは鉄砲・キリスト教，または南蛮文化など新たな気風を日本にもたらしたが，それを関連づけることも可能である。

③まとめ

「織田がつき，羽柴がこねし天下餅，座りしままに喰うは徳川」という狂歌を紹介したい。信長・秀吉らの事績を受け継ぎ，新たな時代を完成させたのは徳川家康ということである。信長らの活動があったからこそ，次の江戸時代が成立したことを確認させたい。そして，家康（及び江戸時代初期の将軍や幕閣ら）がどのようにして江戸時代をつくり上げたのだろうと疑問をもたせ，次単元へつなげたい。

評価基準Aの具体例（（3）の論述）

（例）織田信長は関所を廃止したり寺社と戦ったり，室町幕府を滅ぼすなどそれまで力や権利をもっていた存在と対決しました。豊臣秀吉は検地を行って所有者をはっきりさせて年貢を取るようにしたり，刀狩を行い身分を統制したりするなど，支配しやすい体制をつくり上げました。ヨーロッパとの出会いで今までないものが入ってきた時代に，彼らは古い体制から新しい体制へと時代を変えていくことができた英雄だと思います。だから，時代劇の主役として取り上げる価値のある人物です。

信長・秀吉，彼らは社会をどう変えたのか？

あなたはTV局のプロデューサーです。次年度に1年間かけて放送する時代劇番組として，織田信長と豊臣秀吉の2人をダブル主人公とした企画書を上司に提出しました。すると時代劇は今まで担当したことのない上司が言いました。

上　司「あのさ，時代劇というと，どれもこれも信長だ秀吉だと，この人たちばかりだろ？　いつも同じで面白くないんだよ。そもそもさ，この信長とか秀吉とかって何がすごいわけ？」
あなた「いや，彼らは時代を変えた英雄で…」
上　司「だから何を変えたってのよ？　私には全然わからないんだよね。よしわかった。彼らのすごさがちゃんと伝わるようなプレゼンをしなさい。私がそのプレゼンを聞いてちゃんとすごさを理解できたら企画を通してあげよう。あ，でも多くのライバルを倒したとか，天下を統一したとか，もうわかっていることだけじゃだめだからね」

チームのみんなとつくり上げた企画を通すためにも，上司を納得させるプレゼンをしなくてはいけなくなりました。信長や秀吉が時代を変えた英雄であることを上司に示しましょう。

	パフォーマンスの尺度（評価の指標）
A	・信長や秀吉がどのように時代を変えたのかを，彼らが実行した政策や時代背景，文化などを活用して，それまでの時代との変化を説明している。また信長と秀吉の違いを明確にしている。
B	・信長や秀吉がどのように時代を変えたのかを，彼らが実行した政策や時代背景，文化などを活用して，それまでの時代との変化を説明している。
C	・信長や秀吉のすごさを，時代の変化に関係させて説明できていない。

年　　組　　番：氏名

（1）信長・秀吉の主な事績や政策を整理しましょう。

織田信長が行ったこと 例）関所を廃止した。	豊臣秀吉が行ったこと

（2）彼らの行動の対象は彼らの前の時代ではどのようなものだったか思い出しましょう。

織田信長の行動の対象 例）様々な勢力の収入源となっていた。	豊臣秀吉の行動の対象

（3）信長と秀吉のすごさを伝えるためのプレゼン台本をつくりましょう。

江戸幕府が平和をもたらした理由とは？

生徒に身につけさせたい力

本単元では，幕府と藩による支配が確立したことを理解することが目標である。幕藩体制の成立により日本は260年以上にも及ぶ長い平和な時代を迎えることになる。

その背景にあったのは何なのかを，一つひとつの目的は異なっているように映る幕府の様々な政策を関連づけることで考察させる。多様な理由をまとめ上げて論理的に意見を構築する力の育成につなげたい。

単元の目標

江戸幕府の初期の諸政策に着目して，江戸幕府が長い平和な時代をもたらした理由を多面的・多角的に考察し，幕府と藩による支配が確立したことを理解する。

単元の評価規準

知識・技能
・江戸幕府と藩による支配が確立したことを理解している。
思考力・判断力・表現力
・江戸幕府と藩による支配が確立していく背景を，武士・庶民の統制や対外関係に着目して，事象を相互に関連させながら多面的・多角的に考察し，表現している。
主体的に学習に取り組む態度
・江戸幕府が長く平和をもたらした理由について，見通しをもって学習に取り組み，学習の成果を生かして改善を加え，よりよい考えをつくろうとしている。

単元の指導計画

時	主な学習活動	評価
1	**◆幕府の大名統制** ・各藩の石高と徳川家の比較，大名配置や参勤交代，武家諸法度などから，幕府がいかに大名を支配していたかを読み取り，理解する。 ・パフォーマンス課題を提示し，学習の見通しをもつ。	・幕府の大名支配の方法を，幕府の軍事力に着目して考察し，表現している。(思判表) ・幕府が強い軍事力を背景にして大名を支配していたことを理解している。(知技)
2	**◆幕府の身分統制** 身分による区分，百姓の支配と役割から幕府が人々をどのように支配していたかを読み取り，理解する。	・幕府の庶民支配の方法を，身分制に着目して考察し，表現している。(思判表) ・幕府が人々の身分を固定化し，そこに立脚した支配制度をつくったことを理解している。(知技)
3	**◆幕府の宗教統制** 島原の乱や絵踏を通して，なぜ幕府がキリスト教を禁止したのかを考察し，理解する。	・幕府のキリスト教禁止の背景を，キリスト教と幕府支配の関係に着目して考察し，表現している。(思判表) ・幕府が支配に反する可能性のあるキリスト教を禁止したことを理解している。(知技)
4	**◆幕府と貿易統制** 幕府が諸大名や商人の貿易を制限した理由を，朱印船貿易，出島，朝鮮通信使，アイヌ・琉球との交流を通して理解する。	・幕府が貿易を統制した理由を，経済的な理由や権威に関係する理由から考察し，表現している。(思判表) ・幕府が貿易の利益や外交を独占することを目的に貿易を統制したことを理解している。(知技)
5	**◆なぜ江戸幕府は長い平和な時代をつくれたか** 江戸幕府が長く戦乱のない世の中をつくることができた理由を，幕府の諸政策から考える。	・幕府が長く戦乱のない世の中をつくることができた理由を，様々な理由から多面的・多角的に考察し，表現している。(思判表)

授業展開例（第５時）

（１）パフォーマンス課題

> あなたは江戸時代の歴史家です。幕府が開かれてから100年。大きな戦（いくさ）もなく平穏な日々が続いています。しかしそこで疑問が生まれました。鎌倉時代以降様々な争乱が何百年も続いたのに，なぜ今の時代は平和なのか。江戸幕府はどのようにこの平和な世をつくったのか，疑問に思ったあなたは，近所で一番の長寿である長老のもとを訪ねました。
> 長老は120歳で初代家康公にも会ったことがある人物です。彼に聞けばきっと謎が解けるに違いありません。
> 長老を訪ねると，長老は語り始めました。
>
> 長　老「おお，それは当然家康様が偉かったのじゃよ。そして，家康様の後の皆さんも偉かった。誰もがこの安定した時代をつくる工夫をしておったのじゃ」
> あなた「長老，教えてください。家康様や他の皆さんはどのような工夫をして平和な時代をつくったのですか？」
> 長　老「それはな…」
>
> そして，長老は家康たちにより江戸幕府がどのようにして平和な時代をつくってきたかを語り始めました。あなたは歴史家として，長老の話を書き留め後世に伝えましょう。

（２）ルーブリックとその文例

	パフォーマンスの尺度（評価の指標）
A	・江戸幕府が長く平和な時代をつくることができた理由を，幕府が行った政策を根拠にするだけではなく，前時代との比較や幕府がそのことを可能にした背景にまで触れて説明している。
B	・江戸幕府が長く平和な時代をつくることができた理由を，江戸時代初期に幕府が行った諸政策を根拠にして説明している。
C	・江戸幕府が長く平和な時代をつくることができた理由を説明できていない。

（３）授業の流れ

①導入

パフォーマンス課題の確認として江戸時代の年表から，1637年の島原・天草一揆より1837年の大塩平八郎の乱まで争いの記述がないことに気づかせる。なぜこのように長い間争いがない平和な時代をつくることができたのか，その理由を幕府初期に求め，追究させる。

②展開

（1）でワークシートに示したのはクラゲチャートと呼ばれる思考ツールである。クラゲチャートは理由づけをする際に活用するもので，頭部分にある結論部分の理由となるものを，足の部分に記入していく。なお生徒の活動に応じてクラゲの足の増減は自由とさせたい。

クラゲの足の部分に具体的な歴史的事象を単語のみで入れてしまうと，後で整理するのが大変になるので，その歴史的事象がどのように平和な時代につながっているのかを併せて記述させたい。その際には，ワークシートへの直接記入とは別に付箋などを活用すると作業が円滑に進む。

様々な出来事が理由として挙がると考えられるため，（1）をグループ作業として行う。教師は机間指導を行い，根拠づけなどが間違っていないかなどをチェックし修正をかけていく。

クラゲチャートを完成させたらその根拠をグループごとに発表し合う。その際，自分たちのグループでは考えられていない根拠などのメモを取らせ，思考を広げさせたい。

発表後は（2）として，江戸幕府が長く平和な時代をつくることができた理由を，文章でまとめさせる。その際，なぜ幕府はクラゲの足に入った政策を次々に実施できたのかを問うておくことで，より幕府という組織の本質や江戸時代が長続きした理由を捉えさせることができる。

③まとめ

江戸時代初期の幕府の諸政策から江戸時代の特徴を捉えることで，争乱の多かった中世との比較を行うことができる。しかし幕府が大きな力をもって統制をかけたことによる平和なため，幕府に不満をもつ者も存在するであろうことに触れておきたい。

また，次単元への接続として，幕府が平和な時代をつくり上げた功績を認め，平和な時代にどのような発展があっただろうかなど，次の学習につなげる問いかけを行いたい。

評価基準Aの具体例（（2）の論述）

（例）江戸幕府が長く平和な時代を築くことができたのは，様々なものを統制することができたからです。

外様大名を江戸から遠いところに配置し，武家諸法度で縛ることで争いをなくして統制したこと，身分を固定化し役割を果たさせることで身分を乗り越えることを禁止して人々を統制したこと，貿易や外交を幕府独占としてキリスト教など支配に影響があるものを統制したことです。

それらを可能にしたのは幕府の大きな力です。大きな領土や経済力を得ることで幕府は長い安定の時代をつくることができました。

江戸幕府が平和をもたらした理由とは？

あなたは江戸時代の歴史家です。幕府が開かれてから100年。大きな戦(いくさ)もなく平穏な日々が続いています。しかしそこで疑問が生まれました。鎌倉時代以降様々な争乱が何百年も続いたのに，なぜ今の時代は平和なのか。江戸幕府はどのようにこの平和な世をつくったのか，疑問に思ったあなたは，近所で一番の長寿である長老のもとを訪ねました。

長老は120歳で初代家康公にも会ったことがある人物です。彼に聞けばきっと謎が解けるに違いありません。

長老を訪ねると，長老は語り始めました。

長　老「おお，それは当然家康様が偉かったのじゃよ。そして，家康様の後の皆さんも偉かった。誰もがこの安定した時代をつくる工夫をしておったのじゃ」

あなた「長老，教えてください。家康様や他の皆さんはどのような工夫をして平和な時代をつくったのですか？」

長　老「それはな…」

そして，長老は家康たちにより江戸幕府がどのようにして平和な時代をつくってきたかを語り始めました。あなたは歴史家として，長老の話を書き留め後世に伝えましょう。

	パフォーマンスの尺度（評価の指標）
A	・江戸幕府が長く平和な時代をつくることができた理由を，幕府が行った政策を根拠にするだけではなく，前時代との比較や幕府がそのことを可能にした背景にまで触れて説明している。
B	・江戸幕府が長く平和な時代をつくることができた理由を，江戸時代初期に幕府が行った諸政策を根拠にして説明している。
C	・江戸幕府が長く平和な時代をつくることができた理由を説明できていない。

年　　　組　　　番：氏名

（１）江戸幕府が長く平和な時代をつくることができた理由を考えましょう。

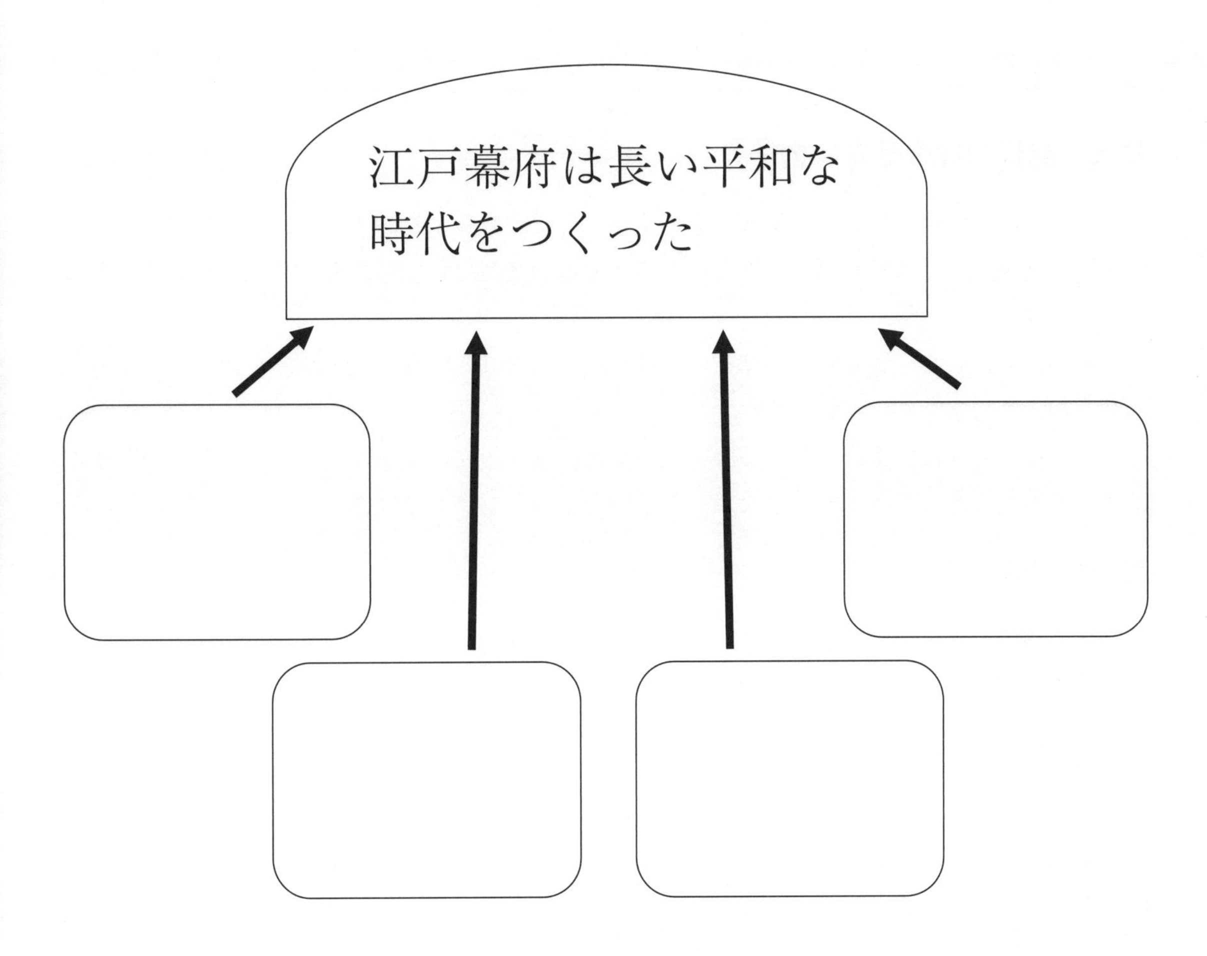

（２）江戸幕府が長く平和な時代をつくることができた理由を整理して後世に伝えましょう。

主役は町人？　武士じゃないの？

生徒に身につけさせたい力

本単元では，江戸時代になり町人中心の文化が生まれた背景を理解することを目標とする。中世でも庶民の成長に触れたが，近世になると政治の主体は武士であるが，文化や経済の主体は庶民に移る。

それを可能にした，江戸時代の産業の発展や都市における町人文化の発展を通して，社会の変化を捉える力を身につけさせたい。

また，この時代に生まれた各地の特産品や文化には，現在にまでつながっているものが多くある。その点で現代の我々とのつながりを見いだすことを意識させたい。

単元の目標

産業の発達や文化の担い手に着目して，江戸時代の社会の発展・変化を多面的・多角的に考察し，町人文化が都市を中心に形成されたことを理解する。

単元の評価規準

知識・技能
・江戸時代に町人文化が都市を中心に形成されたことを理解している。
思考力・判断力・表現力
・町人中心の文化が生まれた背景を，産業の発達に着目して，事象を相互に関連させながら多面的・多角的に考察し，表現している。
主体的に学習に取り組む態度
・なぜ江戸時代に町人文化が生まれたのかについて，見通しをもって学習に取り組み，学習の成果を生かして改善を加え，よりよい考えをつくろうとしている。

単元の指導計画

時	主な学習活動	評価
1	**◆江戸時代の産業の発展** ・農具の発達，肥料の発達，新田開発の進展，日本各地の特産品の成立など諸産業の発展から，人々の生活にどのような変化が生まれたかを理解する。 ・パフォーマンス課題を提示し，学習の見通しをもつ。	・江戸時代の庶民の生活の変化を，産業の発展に着目して考察し，表現している。（思判表） ・江戸時代の人々は，農業による生産力が向上し，各地に売るための特産品が生まれるなど生活に余裕が出てきたことを理解している。（知技）
2	**◆江戸時代の都市の発展** 街道や航路の発達，蔵屋敷の発達，商人の活躍と株仲間の誕生などから，江戸・大坂などの都市が発展したことを理解する。	・江戸時代に都市が繁栄した理由を，交通網の整備や商業の活性化に着目して考察し，表現している。（思判表） ・江戸時代に江戸・大坂などに多くの人々が集まり，商業が盛んになり都市が栄えたことを理解している。（知技）
3	**◆町人文化の発展** 元禄期にどのような文化が盛んになったかを，文学，芸術の作品などを通して，理解する。	・元禄期の文化の特徴を，担い手に着目して考察し，表現している。（思判表） ・元禄期の文化は，町人を中心とする人々が都市で発展させたものであることを理解している。（知技）
4	**◆なぜ町人中心の文化が生まれたか** なぜ江戸時代に町人を中心とした文化が生まれたのかを，様々な理由から考え，理解する。	・町人中心の文化が生まれた理由を，平和な社会や産業の発展に着目して考察している。（思判表）

授業展開例（第４時）

（１）パフォーマンス課題

あなたは歴史の学習をしている中学生です。最近江戸時代の前半までを学習しました。先生からこの時代をまとめるミニレポートの課題が出されました。その内容について友人と話していると意見が割れてきました。

友　人「やはり江戸時代は武士の時代だよな。鎌倉・室町・江戸と武士がずっと主役なんて，やっぱ武士はすごいよな。レポートの題材は武士が主役。これでいくよ」
あなた「うん。武士がすごいのはわかるけど，本当に江戸時代は武士が主役なのかな？」
友　人「え？　そりゃ主役は武士でしょ。幕府をつくったのも藩を支配しているのも武士なんだぜ？」
あなた「わかっているよ。でも江戸時代に入って庶民もすごいなって思って」
友　人「庶民？　百姓とか？　だめだよ。まだ庶民なんて大したことない。やっぱ武士だろ」
あなた「そうかな。町人や百姓もすごいと思うけど」
友　人「じゃあさ，君は“武士が主役”じゃないレポートをつくってみなよ」
あなた「うん。そうするよ」

あなたはこれまで学習した知識を活用して，町人や百姓も主役であるという内容のレポートをつくることになりました。

（２）ルーブリックとその文例

	パフォーマンスの尺度（評価の指標）
A	・江戸時代の主役に町人や百姓も加わる理由を，産業の発展，交通の整備，都市での文化に着目し，当時の時代背景も考慮して考察し，多面的に説明している。
B	・江戸時代の主役に町人や百姓も加わる理由を，産業の発展，交通の整備，都市での文化に着目して考察し，多面的に説明している。
C	・江戸時代の主役に町人や百姓も加わる理由を説明できていない。

（３）授業の流れ

①導入

パフォーマンス課題の確認をまずは行う。江戸時代は江戸幕府があった時代と捉えれば，やはり主役は武士となってしまう。しかし，権力をもつ者だけが歴史をつくるのではないことを中世の庶民の運動から学習している。そこで江戸時代には百姓・町人といった庶民も主役になり得るのではないかということを，本単元の内容から整理する活動を行うことを説明する。

②展開

（1）では百姓・町人が活躍した内容を本単元の学習からまとめさせる。百姓が江戸時代の社会の根底を支える米の生産を行ったこと，また各地に特産品が生み出されていったこと，さらに彼らの生活文化と現在とのつながりも意識させたい。また，富が集まる都市に住む町人はこれまでの時代以上に商業が盛んになったことから商人の活躍を中心に捉えさせたい。またその都市で元禄文化という町人文化が発生したことを確認させたい。

「武士の活躍」の枠は，百姓や町人が活躍することのできる世の中を武士がつくったことを意識させる枠である。

（2）では図の内容をまとめ，ミニレポートを作成させる。

（1）はグループで行い情報を速やかに共有させて，（2）での個人活動の時間を確保させたい。

③まとめ

安定した江戸時代になったことで，百姓や町人が活躍することのできる時代になったこと，その役割の重要性の高まりを感じさせたい。しかしながら，百姓も町人も生活が楽だったものばかりではなく，身分の差による苦しさもあったはずである。

また，政治を受けもつ武士の役割は相当大きなものである。そのために「百姓や町人“も”主役である」という表現を使っている。歴史の一面を捉えたときにそれがすべてではないということに改めて留意させたい。

評価基準Aの具体例（（2）の論述）

（例）江戸時代の百姓は新田開発や農具の開発などを行い，米の生産量を増やしました。彼らの生産する米が幕藩体制を支えていたはずです。また，阿波の藍や出羽の紅花など各地に特産品が生まれ今の時代にもつながっています。

都市の町人たちは商人を中心にこれまで以上に商業を盛んにし，百姓たちが生産したものを全国に流通させるなど活躍しました。特に江戸・大坂・京都は大いに栄え，大坂は天下の台所と呼ばれるほどになりました。

そのため，経済的に豊かな大坂の町人を中心として元禄文化が生まれることになりました。こうした庶民の活躍は武士が平和な時代を築いたからこそと思いますが，町人や百姓も主役に加えてもよいと思います。

主役は町人？　武士じゃないの？

あなたは歴史の学習をしている中学生です。最近江戸時代の前半までを学習しました。
先生からこの時代をまとめるミニレポートの課題が出されました。その内容について友人と話していると意見が割れてきました。

友　人「やはり江戸時代は武士の時代だよな。鎌倉・室町・江戸と武士がずっと主役なんて，やっぱ武士はすごいよな。レポートの題材は武士が主役。これでいくよ」
あなた「うん。武士がすごいのはわかるけど，本当に江戸時代は武士が主役なのかな？」
友　人「え？　そりゃ主役は武士でしょ。幕府をつくったのも藩を支配しているのも武士なんだぜ？」
あなた「わかっているよ。でも江戸時代に入って庶民もすごいなって思って」
友　人「庶民？　百姓とか？　だめだよ。まだ庶民なんて大したことない。やっぱ武士だろ」
あなた「そうかな。町人や百姓もすごいと思うけど」
友　人「じゃあさ，君は“武士が主役”じゃないレポートをつくってみなよ」
あなた「うん。そうするよ」

あなたはこれまで学習した知識を活用して，町人や百姓も主役であるという内容のレポートをつくることになりました。

	パフォーマンスの尺度（評価の指標）
A	・江戸時代の主役に町人や百姓も加わる理由を，産業の発展，交通の整備，都市での文化に着目し，当時の時代背景も考慮して考察し，多面的に説明している。
B	・江戸時代の主役に町人や百姓も加わる理由を，産業の発展，交通の整備，都市での文化に着目して考察し，多面的に説明している。
C	・江戸時代の主役に町人や百姓も加わる理由を説明できていない。

年　　　組　　　番：氏名

（1）下の図に百姓や町人の活躍の内容を書き込みましょう。また，それを可能にした武士の活躍も書き込みましょう。

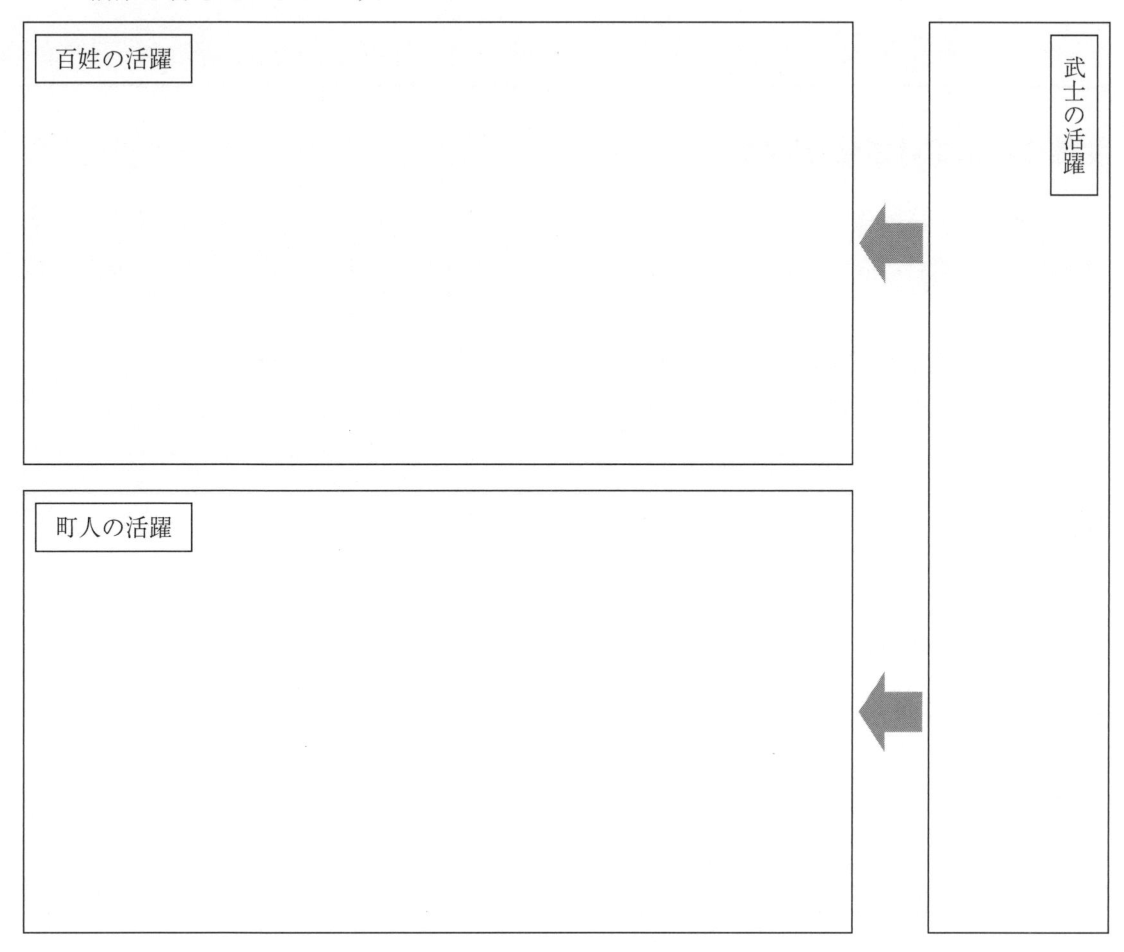

（2）「江戸時代の主役には百姓や町人も」というミニレポートを作成しましょう。

江戸時代の通知表！ 誰が一番？

生徒に身につけさせたい力

本単元では，江戸幕府の政治が行き詰まりを見せたことを理解することが目標である。貨幣経済の浸透や農村の変化により幕府財政は（各藩も）悪化し，それに対応する形で改革が行われていった。

しかし，各担当者が対応した行き詰まりは，決して財政問題だけではない。それにとどまらない様々な課題への対応を幕政改革実施者は迫られた。各改革が行った政策及び置かれた状況を併せて考察することで，多面的・多角的な歴史の評価ができる力を身につけさせたい。

単元の目標

江戸時代の社会変化の影響や外国船の接近などに着目して，幕府が繰り返し改革を行った理由を多面的・多角的に考察し，幕府政治が行き詰まりを見せたことを理解する。

単元の評価規準

知識・技能
・江戸時代中期以降様々な理由を背景に幕府政治が行き詰まりを見せたことを理解している。
思考力・判断力・表現力
・幕府政治が行き詰まった理由を，社会の変化や財政の悪化，外国船の接近に着目して，事象を相互に関連させたり比較したりして多面的・多角的に考察し，表現している。
主体的に学習に取り組む態度
・最も幕府を長続きさせることに功績があった幕政改革について，見通しをもって学習に取り組み，学習の成果を生かして改善を加え，よりよい考えをつくろうとしている。

単元の指導計画

時	主な学習活動	評価
1	**◆農村の変化** ・江戸時代中期以降農村においてどのような変化が起きたかを，貨幣経済の浸透や百姓一揆などを通して理解する。 ・パフォーマンス課題を提示し，学習の見通しをもつ。	・江戸時代の農村の変化を，産業の発展による社会変化や百姓一揆に着目して考察し，表現している。(思判表) ・貨幣経済の進展により土地を失う百姓が増えたことや，百姓一揆を起こす百姓が増えたことを理解している。(知技)
2	**◆享保の改革と田沼政治** 享保の改革と田沼政治の目的を，両改革の政策の共通点から考察し，理解する。	・享保の改革と田沼政治の目的について，違いと共通点に着目して考察し，表現している。(思判表) ・享保の改革と田沼政治は重視した政策は異なるが，目的は幕府の財政再建であることを理解している。(知技)
3	**◆寛政の改革** 寛政の改革とはどのような改革だったかを，対応した出来事を整理することでまとめ，理解する。	・寛政の改革の内容を，社会的な危機や対外関係などを踏まえて考察し，表現している。(思判表) ・寛政の改革は農村の復興だけではなく，外国への対応や幕府権威の回復も図った改革であることを理解している。(知技)
4	**◆新しい学問と化政文化** 蘭学などの新しい学問，化政文化がどのような特徴をもっていたか，どのような時期に盛んになったかを踏まえて理解する。	・蘭学の発達や化政文化の特色を，時期に着目して考察し，表現している。(思判表) ・田沼時代や大御所時代など放漫財政の時期に文化が盛んになっていることを理解している。(知技)
5	**◆天保の改革** 天保の改革が対応した事態を，大塩平八郎の乱，異国船打払令やアヘン戦争，水野忠邦が行った諸政策などから理解する。	・天保の改革の目的を，国内の課題や対外関係を関連づけて考察し，表現している。(思判表) ・天保の改革が，国内の状況改善に加えて，緊迫する国際情勢への対応を行っていたことを理解している。(知技)
6	**◆最も幕府を長続きさせた改革はどれか** 幕府の状況を最も改善させることができた改革はどれかを享保・田沼・寛政・天保の 4 つから，改革の成功度と置かれた状況を軸として考える。	・幕府の政治改革がそれぞれの置かれた状況に応じて行われていったことを多面的・多角的に考察し，表現している。(思判表)
7	**◆中項目のまとめ：近世とはどのような時代か** 近世とはどのような時代だったかを，中世との比較をしながら整理し，その特色を理解する。	・近世という時代の特色を，中世との比較の中から共通点や差異を明確にして理解している。(知技)

授業展開例（第６時）

（１）パフォーマンス課題

あなたは明治時代の役人です。あなたは明治政府の高官から，今後も日本が発展していくためにどうすべきかの研究を任されています。

そこであなたは前の時代である江戸時代の政治改革について研究することにしました。そこでの成功や失敗を次の時代の参考にできると考えたのです。

対象とする政治改革は徳川吉宗の享保の改革，田沼意次の政治，松平定信の寛政の改革，水野忠邦の天保の改革の４つを取り上げることにしました。

あなたはこれら４つの政治改革を“改革の成功度”という尺度を設けて自分なりに評価し，どの政治改革が幕府を長続きさせることに最も効果的であったかを考えてみることにしました。この案を同僚に見せると，同僚はこう言いました。

「いい案だね，江戸時代のことも参考にできることはどんどんしていかないと。しかし尺度が１つだけだと，考えが偏るかもしれない。そこでもう１つ“改革担当者が置かれた状況”という尺度を加えてはどうかな？　より公平な比較ができると思うよ」

あなたは同僚からの助言を受け入れ，“改革の成功度”と“状況の困難度”という２つの尺度を用いて江戸時代の政治改革を整理し，最も幕府を長続きさせることに効果的だった改革を考えることにしました。

（２）ルーブリックとその文例

	パフォーマンスの尺度（評価の指標）
A	・最も幕府を長続きさせることができた改革について，その理由を作成した座標を活用し，改革の効果を具体的に述べ，他の改革との違いを明確にしながら説明している。
B	・最も幕府を長続きさせることができた改革について，その理由を作成した座標を活用し，改革の効果を具体的に述べてその理由を説明している。
C	・最も幕府を長続きさせることができた改革がどれかということを説明できていない。

（３）授業の流れ

①導入

導入としてワークシートに記載した江戸時代後半の略年表を確認する。すると江戸時代中期以降，幕府は次々に政治改革を行い延命してきたことがわかる。しかしながらペリー来航以降の混乱の中，大政奉還をもって幕府は終わりを迎える。そして，そんな幕府を最も長続きさせることができた改革はどれかを評価しようという，パフォーマンス課題を確認させる。

②展開

（１）のために用意しておいた４人の改革担当者の肖像を座標軸に位置づけることで，各政治改革の比較を行う。この活動は様々な考えに触れるためにもグループがよい。そのときに各改革の政策はどのようなもので，その成果はどうだったかを確認させ，全体として改革の成功度がどれくらいかを考えさせる。また同時に，それら改革が行われた時期に，幕府はどのような状況に置かれていたかを確認することで，状況の困難度がどれくらいかを考えさせる。この２つの指標があることで，単純な政策の成功・失敗だけではなく，時代背景を合わせた深い考察が可能になる。

各改革における政策についての理解が不十分だと改革への評価もいい加減になってしまう。適宜机間指導を行い，間違った理解がないかどうか確認したい。また第４時の「新しい学問と化政文化」において，田沼時代と大御所時代には経済活動が活発であったことに触れる。その後の寛政・天保の改革では倹約令が出されていることについて生徒の判断が迷うことが考えられる。こちらも思考に揺さぶりをかけながら助言をするとよい。

グループで意見がまとまったら，各グループの意見を発表する。その後（２）は個人作業で，どの改革が最も幕府を長続きさせたかを考察する。それぞれの改革の事績及び置かれた状況から総合的な判断をさせたい。

③まとめ

各改革の成果をもって，幕府は延命できたことを確認する。時代が下るにしたがって，幕府が対応しなければならない課題が複雑化していくことを捉えさせたい。“改革”と名づけられていても同一条件下ではないことに注意が必要だ。また，幕府だけではなく諸藩においても藩政改革が行われたことを確認したい。諸藩の中から財政改革に成功した藩がのちに雄藩と呼ばれるようになり，幕末史の重要な役割を担うことになることを理解するためにも，薩摩藩や長州藩の名称や位置を確認する作業を入れておきたい。

評価基準Aの具体例（（２）の論述）

（例）最も幕府を長続きさせたのは松平定信の寛政の改革だと思います。なぜなら，主に幕府の財政難を解決しようとした享保の改革や田沼政治に対して，寛政の改革は財政問題だけではなく，天明のききん以降の農村復興や外国船の接近，幕府権威の回復にも取り組まねばならず，状況の困難度が高い中，その果たした役割が大きいと思ったからです。百姓から年貢を取ることを基本とする幕藩体制において，農村復興の意味は大きかったと思います。

江戸時代の通知表！　誰が一番？

あなたは明治時代の役人です。あなたは明治政府の高官から，今後も日本が発展していくためにどうすべきかの研究を任されています。

そこであなたは前の時代である江戸時代の政治改革について研究することにしました。そこでの成功や失敗を次の時代の参考にできると考えたのです。

対象とする政治改革は徳川吉宗の享保の改革，田沼意次の政治，松平定信の寛政の改革，水野忠邦の天保の改革の4つを取り上げることにしました。

あなたはこれら4つの政治改革を“改革の成功度”という尺度を設けて自分なりに評価し，どの政治改革が幕府を長続きさせることに最も効果的であったかを考えてみることにしました。この案を同僚に見せると，同僚はこう言いました。

「いい案だね，江戸時代のことも参考にできることはどんどんしていかないと。しかし尺度が1つだけだと，考えが偏るかもしれない。そこでもう1つ“改革担当者が置かれた状況”という尺度を加えてはどうかな？　より公平な比較ができると思うよ」

あなたは同僚からの助言を受け入れ，“改革の成功度”と“状況の困難度”という2つの尺度を用いて江戸時代の政治改革を整理し，最も幕府を長続きさせることに効果的だった改革を考えることにしました。

	パフォーマンスの尺度（評価の指標）
A	・最も幕府を長続きさせることができた改革について，その理由を作成した座標を活用し，改革の効果を具体的に述べ，他の改革との違いを明確にしながら説明している。
B	・最も幕府を長続きさせることができた改革について，その理由を作成した座標を活用し，改革の効果を具体的に述べてその理由を説明している。
C	・最も幕府を長続きさせることができた改革がどれかということを説明できていない。

1716年	享保の改革始まる
1772年	田沼意次老中となる
1787年	寛政の改革始まる
1841年	天保の改革始まる
1853年	ペリー来航
1867年	大政奉還

江戸時代後半略年表

（１）下の座標軸を使い，４つの政治改革を評価しましょう。

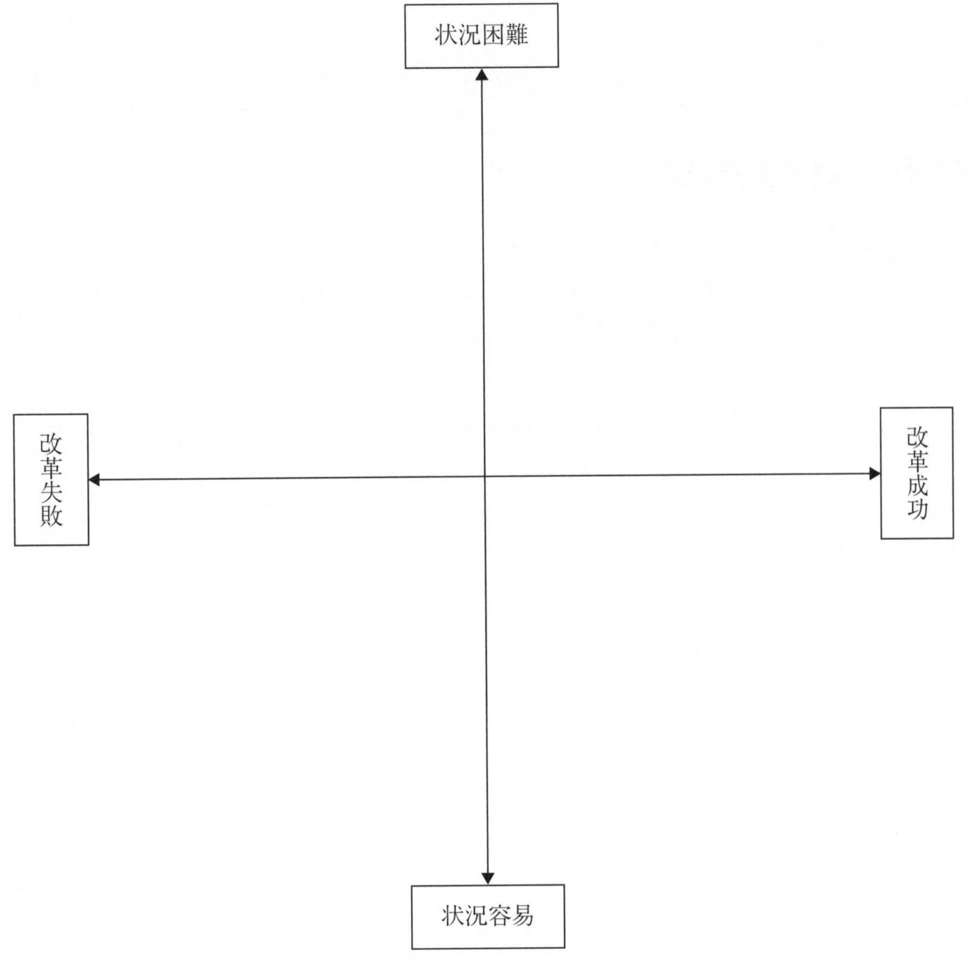

（２）最も幕府を長続きさせた改革はどれか説明しましょう。

最も幕府を長続きさせたのは＿＿＿＿＿＿＿＿＿＿＿＿＿＿＿＿だと思います。
なぜなら，

年　　組　　番：氏名

西洋変身！　なぜ西洋は強いのか？

生徒に身につけさせたい力

本単元では欧米の市民革命と産業革命を通して，近代国家とはどのようなものだったかを理解することを目標とする。市民革命によりそれまでの身分制社会を打破し国民国家を形成，さらに産業革命により工業の近代化を達成させた欧米はその強大な力を背景に世界進出を加速させていく。

その影響が日本において外国船の接近の多発となり，ついには開国に至るという関連性をもつ。

その意味で世界史的視野で物事を捉え，近代の歴史を学んでいくうえで重要な事項となる。

単元の目標

工業化の進展や社会や政治の変化に着目して，欧米が成長しアジアに進出してきた理由を多面的・多角的に考察し，欧米諸国が近代社会を成立させたことを理解する。

単元の評価規準

知識・技能
・欧米が近代社会を成立させたことを理解している。
思考力・判断力・表現力
・欧米が近代社会をつくることができた背景を，国民国家の形成や産業革命に着目して，事象を相互に関連させながら多面的・多角的に考察し，表現している。
主体的に学習に取り組む態度
・近代国家とは何かについて，見通しをもって学習に取り組み，学習の成果を生かして改善を加え，よりよい考えをつくろうとしている。

単元の指導計画

時	主な学習活動	評価
1	**◆市民革命とその影響** ・アメリカ独立戦争やフランス革命が起きた背景やその主張から，どのような目的で革命が起きたのかを捉え，その後の社会にどのような影響があったかを理解する。 ・パフォーマンス課題を提示し，学習の見通しをもつ。	・市民革命の背景やその影響を，社会の中心となる人々に着目して考察し，表現している。(思判表) ・市民革命により，身分制の社会が打破され，国民としての意識が生まれ，人権が保障される国家となっていったことを理解している。(知技)
2	**◆産業革命とその影響** 産業革命によって生じた社会の変化を，産業の発展と生活の向上，社会・労働問題の二面から捉え，理解する。	・産業革命による社会の変化を，正負両面から考察し，表現している。(思判表) ・産業革命の結果，大量生産が可能となって豊かな生活を送る者がいる一方で，貧富の差が拡大し，様々な課題が生まれたことを理解している。(知技)
3	**◆列強のアジア進出** 列強がアジアに進出した目的を，イギリスによるインドの植民地化とアヘン戦争から考え，理解する。	・列強のアジア進出の理由を，欧米の社会の変化，アジア諸国の人口や資源に着目して考察し，表現している。(思判表) ・列強は産業革命の結果，原料や製品の市場を求めてアジアに進出したことを理解している。(知技)
4	**◆近代国家とはどのようなものか** 欧米で成立した近代国家とはどのようなものかを，市民革命や産業革命によって生じた社会の変化から捉え，理解する。	・近代国家とは何かについて，前時代との比較に着目して考察し，表現している。(思判表) ・近代国家とは民主化や工業化が進展した国家であることを理解している。(知技)

授業展開例（第４時）

（１）パフォーマンス課題

<table><tr><td>

あなたは江戸幕府の外国奉行配下の役人です。開国以来，日本国中が大混乱になってしまいました。
その中であなたはなぜ欧米が強い力をもっているのかをずっと考えていました。欧米の強さを知れば日本も彼らに負けないような国になることだって可能だと思ったのです。

調べてみると，欧米の国々と日本では国のシステムが異なることがわかってきました。彼らの国のシステムをもっと知ることができれば，日本も強くなれるかもしれません。

「よし，もっと欧米の国々のことを調べ上げるぞ。孫子も『敵を知れ』と言っていた。そして外国奉行様にその調査結果を報告するのだ」

欧米が強い国である理由を調べて整理し，外国奉行に報告しましょう。

</td></tr></table>

（２）ルーブリックとその文例

	パフォーマンスの尺度（評価の指標）
A	・西洋の国々がなぜ強い国になれたのかを，具体的な歴史的事象を例として，政治体制や産業に着目して考察し，様々な理由から説明している。
B	・西洋の国々がなぜ強い国になれたのかを，具体的な歴史的事象を例として，政治体制や産業に着目して考察し，説明している。
C	・西洋の国々がなぜ強い国になれたのかを説明できていない。

（３）授業の流れ

①導入

パフォーマンス課題を示し，西洋の国々がなぜ大きな力をもつことになったのかを考察することを説明する。西洋の歴史を学習することが日本の歴史を学ぶうえで大切であることを理解させるために，パフォーマンス課題では江戸幕府の役人の立場で西洋の強い力の源は何かを調査する形をとっている。

幕末日本が西洋の圧迫で開国したことは小学校での既習事項なので，その知識を活用した課題設定としている。

②展開

（１）では市民革命以降の西洋で起きた出来事が，どのように西洋の国々の強さにつながっているかを整理させる。単元内の各時間では各出来事の原因や意義は学習しているが，国の強さとの関わりまでは深入りはしていない。この作業で西洋での出来事が世界に進出していく大きな力へとつながっていったことを確認させたい。

（2）ではそれらをまとめて，なぜ西洋の国々は強い力をもっているのかを文章化して報告書を作成する。それぞれの内容を関連づけることで，多面的な思考を促したい。

なお（1），（2）ともに個人作業を想定しているが，（1）の後にクラスで情報交換する時間を設定し，出来事と国の強さの関係を見いだせない生徒のために情報共有する場面を設定してもよいだろう。

③まとめ

西洋の国々がどのような国になったかを整理したうえで，そのことを「近代化」と呼ぶことを定義づけたい。すなわち産業が機械化され大量生産が可能となったこと，また身分による支配が減退し（身分が消滅したわけではないのでこう書いている），国民としての意識が芽生えている状態である。

そうした国家は強い力をもち世界に進出していき，その先に極東に位置する日本があったことを理解させたい。

評価基準Aの具体例（（2）の論述）

西洋ではアメリカの独立やフランス革命の影響を受け，身分による差が減少し，人権が考えられるような国になっています。その結果，国民は安心して生活でき，国民としての意識も高まりました。また国が落ち着いて国力も高まったと考えられます。また産業革命の結果，大量生産が行われ，経済力も急速に高まりました。

高まった力を利用し植民地支配を拡大することで，ますます力をつけていったと考えられます。

西洋変身！　なぜ西洋は強いのか？

あなたは江戸幕府の外国奉行配下の役人です。開国以来，日本国中が大混乱になってしまいました。
その中であなたはなぜ欧米が強い力をもっているのかをずっと考えていました。欧米の強さを知れば日本も彼らに負けないような国になることだって可能だと思ったのです。

調べてみると，欧米の国々と日本では国のシステムが異なることがわかってきました。彼らの国のシステムをもっと知ることができれば，日本も強くなれるかもしれません。

「よし，もっと欧米の国々のことを調べ上げるぞ。孫子も『敵を知れ』と言っていた。そして外国奉行様にその調査結果を報告するのだ」

欧米が強い国である理由を調べて整理し，外国奉行に報告しましょう。

	パフォーマンスの尺度（評価の指標）
A	・西洋の国々がなぜ強い国になれたのかを，具体的な歴史的事象を例として，政治体制や産業に着目して考察し，様々な理由から説明している。
B	・西洋の国々がなぜ強い国になれたのかを，具体的な歴史的事象を例として，政治体制や産業に着目して考察し，説明している。
C	・西洋の国々がなぜ強い国になれたのかを説明できていない。

年　　　組　　　番：氏名

（1）西洋で起きた出来事と，その結果どのように国が強くなったかを，以下の図を活用して整理しましょう。

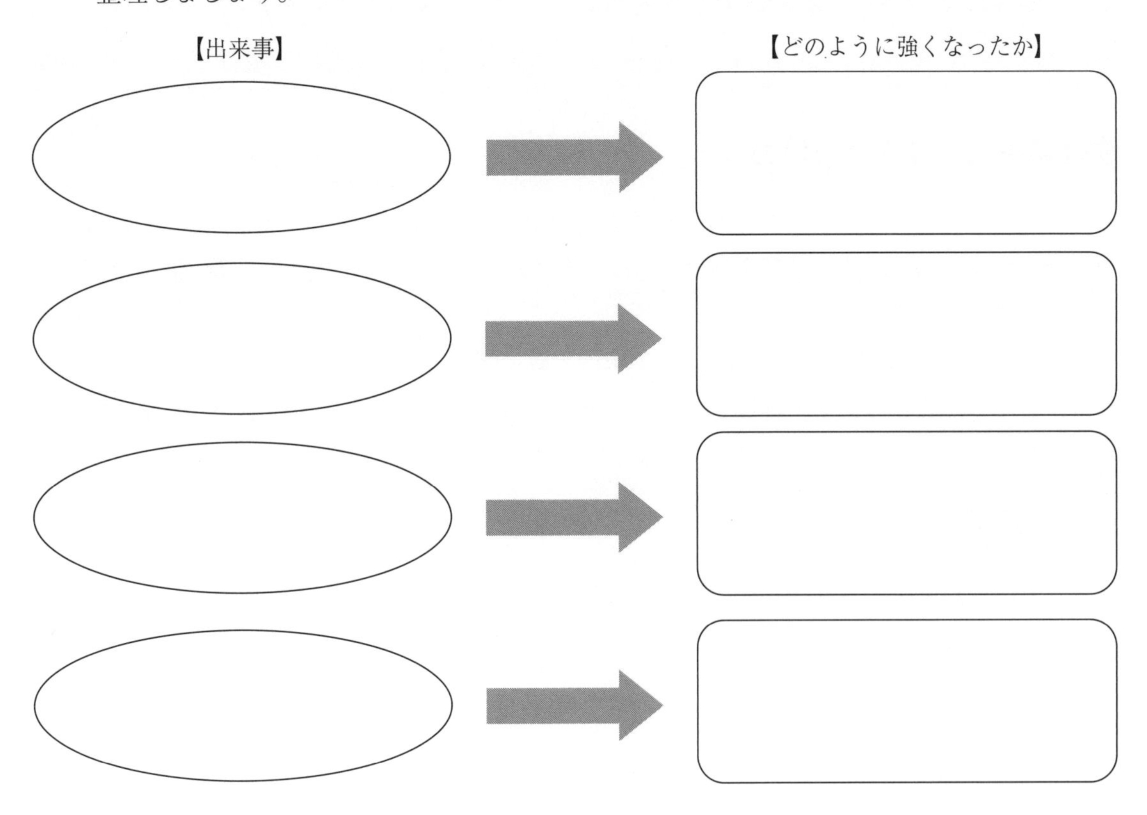

（2）なぜ西洋の国々は強い国になったのかを文章に整理して外国奉行に報告書を提出しましょう。

明治政府の人々は何を目指して急速な変革を行ったのか？

生徒に身につけさせたい力

本単元では明治維新によって日本における近代国家の基礎が整えられたことを理解することを目標とする。明治維新とは倒幕運動のことを指すのではなく，明治初期の諸政策を含んだ社会変革の動きである。

この変革はなぜ必要だったのかを，日本国内の政治課題や欧米の影響を関連づけて考察することで日本の近代化の背景を理解させたい。また，近代化により人々の生活がどのように変化したかについても捉えることで維新の影響の大きさを理解させることにつなげたい。

単元の目標

明治政府の諸改革と欧米諸国との関係に着目して，明治政府の諸改革の目的を多面的・多角的に考察し，明治維新によって近代国家の基礎が整えられて，人々の生活が大きく変化したことを理解する。

単元の評価規準

知識・技能
・明治維新によって日本に近代国家の基礎が整えられ，人々の生活が大きく変化したことを理解している。
思考力・判断力・表現力
・明治維新が近代国家の基礎となった背景を，欧米列強の影響や国内政治の矛盾などに着目して，事象を相互に関連させながら多面的・多角的に考察し，表現している。
主体的に学習に取り組む態度
・明治維新という社会変革が起きたことについて，見通しをもって学習に取り組み，学習の成果を生かして改善を加え，よりよい考えをつくろうとしている。

単元の指導計画

時	主な学習活動	評価
1	**◆文明開化と時代の変化** ・江戸の街並みを描いた資料と明治になってからの東	・文明開化とはどのような現象かを，前時代との比較から考察し，表現してい

	京の街並みを描いた資料を比較して，どのような変化があったかを読み取り，文明開化とはどのような現象だったかを理解する。 ・パフォーマンス課題を提示して，学習の見通しをもつ。	る。(思判表) ・文明開化とはどのような現象か理解している。(知技)
2	**◆開国とその影響** 開国によって日本国内にどのような変化が起きたかを，幕府政治の揺らぎや庶民の生活の変化などを通して理解する。	・開国の影響を，幕府政治や庶民の生活の面など多面的に考察し，表現している。(思判表) ・開国により日本にどのような影響があったか理解している。(知技)
3	**◆攘夷から倒幕へ** なぜ薩摩藩や長州藩といった雄藩は攘夷の方針から倒幕を優先するようになったかを，既習事項や列強の軍事力などに着目して考察し，その理由を理解する。	・長州藩や薩摩藩が倒幕運動を行った理由を，列強との争いや国際情勢に着目して考察し，表現している。(思判表) ・雄藩が倒幕を行った理由を理解している。(知技)
4	**◆廃藩置県とその目的** 明治最初の大きな改革である廃藩置県が行われた背景を，改革後の体制と幕藩体制とを比較しながら考察し，日本という一つの国家にまとまったことを理解する。	・明治政府が廃藩置県を行った理由を，幕藩体制との違いに着目して考察し，表現している。(思判表) ・廃藩置県の意義を理解している。(知技)
5	**◆明治の三大改革** なぜ明治政府は多くの国民の反対がある中で，学制・徴兵令・地租改正といった改革を断行したのか，日本がどのような国家を目指していたかに着目して，考察し，日本が近代化していったことを理解する。	・明治政府が三大改革を行った目的を，改革による変化の共通点に着目して考察し，表現している。(思判表) ・三大改革の目的を理解している。(知技)
6	**◆明治政府の対外政策** 明治政府が欧米並びに近隣諸国とどのような関係をつくっていったかを，それぞれとの関係の違いを考察し，理解する。	・明治政府による外交関係づくりを，欧米とアジア諸国とを比較しながら考察し，表現している。(思判表) ・明治政府の外交方針を理解している。(知技)
7	**◆明治政府の人々は何を目指して変革を行ったか** 明治政府を担った人々が何を目指して倒幕を含む様々な変革を行ったのかを，様々な理由を関連づけて考察し，その目的を理解する。	・明治政府の人々が急速な変革を行った背景を，国内の課題や国際情勢を関連づけて考察し，表現している。(思判表) ・明治政府の人々が日本を近代的な国家とするために諸改革を行ったことを理解している。(知技)

授業展開例（第７時）

（１）パフォーマンス課題

> **あなたは明治時代を生き抜いてきた人物です。ある日，孫から質問されました。**
> **孫　「おじいちゃん，おじいちゃんの昔の写真を見つけたんだけど，どうして変な髪形をしているの？」**
> **あなた「それはな，ちょんまげと言って昔の男の人はそのような髪形だったのだよ」**
> **孫　「そうなの？　でも今は誰もそんな髪型してないよ。どうしておじいちゃん？」**
> **あなた「時代が変わったのじゃよ。江戸から明治にかけて急速に時代が変わったんじゃ」**
> **孫　「どうして？　どうして急に変わったの？」**
> **あなた「それはな…ちゃんと教えるからまた後で来ておくれ」**
> **孫　「は～い」**
>
> **あなたは好奇心おうせいな孫に，なぜ明治初期に急速に時代が変わったのかを説明することになりました。そのために明治維新とはどのような出来事だったかを整理する必要が出てきました。**
> **孫にきちんと教えられるように，明治維新とはどのような動きだったのかを考えましょう。**

（２）ルーブリックとその文例

	パフォーマンスの尺度（評価の指標）
A	・なぜ明治政府の人々は急速な変革を進めたのか，当時の日本が置かれた状況を踏まえ，変革によってどのようなことを目指していたのかを具体的な事例を使ってその理由を説明し，また国民生活への影響まで触れている。
B	・なぜ明治政府の人々は急速な変革を進めたのか，当時の日本が置かれた状況を踏まえてその理由を説明している。
C	・なぜ明治政府の人々は急速な変革を進めたのかを説明できていない。

（３）授業の流れ

①導入

パフォーマンス課題を確認し，ペリー来航からわずか20年余りの間に日本が大きく変わったことを確認する。このようなわずかな時間での大きな社会変革は日本史上でも多くない。どのような理由があって明治政府の人々は様々な変革を行っていったのか，当時の人々の心境も併せて考えさせることで作業の動機づけとしたい。

②展開

（１）では明治政府の人々が行ったことを箇条書きで整理し，単元の学習内容を振り返らせたい。このとき，明治時代になってからの政府の諸改革だけではなく，明治政府の人々はほぼそのまま江戸幕府を倒した人々なので倒幕運動自体も“行ったこと”に加えることができるし，むしろその方がより時代背景を整理することができるだろう。

明治政府の人々が行ったことを整理した後は，それら行動の目的をまとめる。廃藩置県や徴兵令や地租改正など，対象とするものは違うように見えても共通の目的のもと実施されていることを伝えることで，明治政府の方向性を意識させたい。

さらに，このような変革がない場合はどのようになる可能性があるかを考えさせ，ワークシートに記入させる。この可能性を考えることで変革を起こさなければならない背景を理解させたい。この背景を考えられない生徒がいた場合は，前単元の内容を確認させ，世界の中で日本がどのような立ち位置にあったかを意識させることで思考を助けたい。

（１）では最初の学習内容の振り返りをグループで行い，情報の共有及び均一化を図りたい。また残りの作業についても適宜，周囲の人同士で情報交換の時間を取らせてもかまわないだろう。

（２）は文章化である。今回の単元ではグループ活動の内容を発表する活動を入れていない。じっくりと内容を整理し，まとめの文章に取り組ませたい。その際には具体的な歴史的事象を適切に用いて説明するように気をつけさせたい。

③まとめ

書き上げた生徒の中から発表してもらい補足説明を行う。江戸時代までの歴史は外国の影響を受けることがあっても直接的には東アジアの影響を受けてきた。しかし，明治時代以降は世界の影響を受けることとなり，今後は日本の歴史の流れを理解するためには世界の動向を見ていくことが必要になることを伝えたい。

評価基準Ａの具体例（（２）の論述）

（例）明治政府の人々は，当時の日本が列強の進出により植民地化の危機にあったことから，日本を列強に対抗することができる国にするために急速な改革を行いました。そのため国内がバラバラでは対抗できないので江戸幕府を倒し廃藩置県を行ったり，国を守る力を得るために徴兵令を出したりしました。

また，富国強兵のために西洋の文化の導入も図ったので，国民生活の西洋化も進みました。

明治政府の人々は何を目指して急速な変革を行ったのか？

あなたは明治時代を生き抜いてきた人物です。ある日，孫から質問されました。

孫　「おじいちゃん，おじいちゃんの昔の写真を見つけたんだけど，どうして変な髪形をしているの？」

あなた「それはな，ちょんまげと言って昔の男の人はそのような髪形だったのだよ」

孫　「そうなの？　でも今は誰もそんな髪型してないよ。どうしておじいちゃん？」

あなた「時代が変わったのじゃよ。江戸から明治にかけて急速に時代が変わったんじゃ」

孫　「どうして？　どうして急に変わったの？」

あなた「それはな…ちゃんと教えるからまた後で来ておくれ」

孫　「は〜い」

あなたは好奇心おうせいな孫に，なぜ明治初期に急速に時代が変わったのかを説明することになりました。そのために明治維新とはどのような出来事だったかを整理する必要が出てきました。

孫にきちんと教えられるように，明治維新とはどのような動きだったのかを考えましょう。

	パフォーマンスの尺度（評価の指標）
A	・なぜ明治政府の人々は急速な変革を進めたのか，当時の日本が置かれた状況を踏まえ，変革によってどのようなことを目指していたのかを具体的な事例を使ってその理由を説明し，また国民生活への影響まで触れている。
B	・なぜ明治政府の人々は急速な変革を進めたのか，当時の日本が置かれた状況を踏まえてその理由を説明している。
C	・なぜ明治政府の人々は急速な変革を進めたのかを説明できていない。

年　　　組　　　番：氏名

（1）明治政府の人々が行ったことを箇条書きで整理し，そのねらいをまとめましょう。また改革を行わなければどうなると考えていたかを考えましょう。

明治政府の人々が行ったこと

これらを行ったのは

のためです。

これらのことを行わなければ，

（2）明治政府の人々がなぜ様々な変革を行ったか整理して孫に説明しましょう。

世界に認められた!?
日本の何が評価された？

生徒に身につけさせたい力

本単元では明治末期までに日本の国際的地位が向上したことを理解することを目標とする。世界進出を進めていた列強は，自分たち以下と認識した国家に対しては不平等条約を結ばせていた。幕末に各国と結んだ条約が不平等条約だったのはそれが理由である。明治の日本の目標の一つはこの不平等条約の打破であり，国際的な地位を向上させることであった。その実現に向けての推移を国内の変革，戦争等対外関係を関連させて考察させることで，明治日本の国際的地位向上を理解させ，同時にそのために努力した人々の思いにも気づかせたい。

単元の目標

議会政治や外交の展開に着目して，日本が列強から認められた理由を多面的・多角的に考察し，日本の国際的な地位が向上したことを理解する。

単元の評価規準

知識・技能
・明治時代末までに日本の国際的地位が向上したことを理解している。
思考力・判断力・表現力
・日本の国際的地位が向上していった理由を，立憲政治の成立や対外戦争の勝利に着目して，事象を相互に関連させながら多面的・多角的に考察し，表現している。
主体的に学習に取り組む態度
・なぜ日本の地位が向上したかについて，見通しをもって学習に取り組み，学習の成果を生かして改善を加え，よりよい考えをつくろうとしている。

単元の指導計画

時	主な学習活動	評価
1	◆条約改正と日本の地位向上 ・条約改正の略史から日本人が条約改正を求めた理由や条約改正の内容を学習し，なぜ列強が条約改正に応じたのかを考える。 ・パフォーマンス課題を提示し，学習の見通しをもつ。	・日本による条約改正要求に対する列強の考えを，日本の変化に着目して考察し，表現している。(思判表) ・列強が対等な国家として認めるほど日本が成長したため条約改正に成功した

		ことを理解している。（知技）
2	**◆自由民権運動** なぜ人々は国会開設を求めたのか，藩閥，士族の反乱運動の広がりなどを通して，理解する。	・自由民権運動が起きた背景を，権力の独占や前の時代との比較に着目して考察し，表現している。（思判表） ・自由民権運動が，藩閥政府への不満を背景に立憲制国家をつくるために行われたことを理解している。（知技）
3	**◆憲法制定と国会開設** 大日本帝国憲法はどのような憲法で，それによって日本にどのような変化があったかを，憲法の条文や憲法による国の仕組み，国会開設などから理解する。	・憲法制定による影響を，天皇の立場や江戸時代及び西洋との比較から考察し，表現している。（思判表） ・憲法ができ国会が開設されたことで，日本は西洋と同じ，法に基づく立憲制国家となったことを理解している。（知技）
4	**◆日清戦争とその影響** 日清戦争の背景とその影響を，中国（清）との朝鮮をめぐる関係，下関条約，三国干渉などを通して理解する。	・日清戦争とその影響について，各国間の力関係に着目して考察し，表現している。（思判表） ・日清戦争が朝鮮をめぐる争いから起きたことと，列強の圧力の前には抵抗できないことを理解している。（知技）
5	**◆日露戦争とその影響** 日露戦争の背景とその影響を，日英同盟に代表される列強の関係，日本の国防方針，ポーツマス条約，日比谷焼き討ち事件などを通して理解する。	・日露戦争とその影響について，列強の思惑や国民感情に着目して考察し，表現している。（思判表） ・日露戦争はロシアの南下を防ぎたい各国のねらいから発生したことや，勝利して日本の力を示せたものの，国民を納得させられなかったことを理解している。（知技）
6	**◆韓国と中国への影響** 日露戦争後，韓国や中国（清）と日本がどのような関係にあったかを，両国への日本の進出の視点から理解する。	・韓国や中国の変化について，日本の対外戦争の勝利と関連づけて考察し，表現している。（思判表） ・韓国の併合や満州への進出など，日露戦争後日本が大陸への進出を強めたことを理解している。（知技）
7	**◆日本は何を認められたのか** 日本が条約改正が可能になった理由は，列強からどのようなことが認められたからか，様々な日本の変化から考える。	・日本が列強に対等であると認められた理由を，国内の変化，対外的関係から多面的・多角的に考察し表現している。（思判表）

授業展開例（第７時）

（１）パフォーマンス課題

> 時代は1911（明治44）年２月21日。あなたはアメリカ合衆国の外交担当官の一人です。先ほど日米の間で日米通商航海条約が改訂され，日本は関税自主権を回復しました。つまり日本は幕末以来の悲願である不平等条約の改正に成功したのです。
>
> しかしアメリカ国内には条約改正に反対する勢力がおり，反対派の記者団は調印後出てきたアメリカの外交団に対して質問を浴びせかけてきました。アメリカの外務大臣にあたる国務長官のフィランダー＝ノックス長官は先に行ってしまったので，あなたが記者団からの質問を答えることになりました。
>
> 記者Ａ「なぜ日本との条約を改正したのですか⁉　今のままの状態で十分だったではないですか！」
>
> 記者Ｂ「アメリカがそんなに弱腰の外交でいいんですか⁉　もっと強気に出れば日本を黙らせることができたのではないですか⁉」
>
> 記者Ｃ「日本は我々アメリカと対等な条約を結ぶような国なのですか？　アメリカ国民が納得いく説明をお願いします‼」
>
> あなたはなぜ日本との不平等条約を改めることにしたのか，その理由を説明することになりました。
>
> 日本はどのような国になったのか，日本人がどのように国をつくってきたかを説明することにしました。見事に記者団を納得させましょう。

（２）ルーブリックとその文例

	パフォーマンスの尺度（評価の指標）
A	・アメリカが日本との条約改正に応じた理由を，日本が明治時代を通じてどのような国家になってきたかを国内の変化や諸外国との関係から具体的な事例を複数使い多面的にまとめ，さらにそこに至る日本国民の感情にも触れて説明している。
B	・アメリカが日本との条約改正に応じた理由を，日本が明治時代を通じてどのような国家になってきたかを国内の変化や諸外国との関係から具体的な事例を用いて説明している。
C	・アメリカが日本と条約改正した理由を説明していない。 ・条約改正の理由を日本の国内の変化や対外関係の変化に求めていない。

（3）授業の流れ

①導入

パフォーマンス課題を確認する。この単元の目的は，明治時代の日本がどのようにして条約改正に成功したか，つまり列強に認められる国家となったかを理解するところにある。日本の成長を捉え，かつ諸外国からどのように認められるようになったかを最初に条約改正を完成させたアメリカの外交官の立場から述べさせる。

②展開

（1）では，自由民権運動以降の日本において，どのような出来事や変化があったか，また対外的な内容としてどのような出来事があったかを整理させる。そのときの視点は日本の国際的地位の向上に係るものとする。この作業では関係しそうなものを自由にリストアップさせることで，この時代の日本の政治史を復習し，押さえることにつながる。

（2）では，（1）でリストアップした出来事のうち記者団への返答に実際に使えそうな内容を選ぶ。その際，それらの出来事がどのように日本の国際的地位向上につながったかを整理させることで，より精選された情報で意見構築ができる。

（3）では，記者団への返答の内容を（2）で整理した情報を活用して作成する。日本という国が明治時代末の段階でどのような国になっていたのかを明確に示すように指示したい。

③まとめ

条約改正は幕末以来の日本の悲願であったが，不平等条約調印から50年以上もの時を経ての目標達成であったこと。ここに至るまでに明治時代の日本人が多くの努力を重ねたことを感じさせたい。

また，列強に認められ「一等国」の仲間入りを果たしたと考えた日本が，その後，何を目標に，どのような国家になっていこうとするかについて，見通しをもたせるような発問を最後に行うことで今後の学習への意欲を刺激できると考える。

評価基準Aの具体例（（3）の論述）

（例）日本は明治時代になってから様々な改革を行い，国家の近代化に努めてきました。特に憲法が制定されたことにより立憲国家となり議会政治も始まったことは大きく評価できます。また国の力としても清を，そして何よりロシアに戦争で打ち勝ったことはもはや日本は強国であり，我が国と対等にまで成長してきていることを示しています。

そこに至るまで日本国民は重税や改革への対応など様々な忍耐や努力を重ねてきています。もはや不平等な条約を押しつけてはいられないと考え，条約を改正しました。

世界に認められた国⁉ 日本の何が評価された？

時代は1911（明治44）年２月21日。あなたはアメリカ合衆国の外交担当官の一人です。先ほど日米の間で日米通商航海条約が改訂され，日本は関税自主権を回復しました。つまり日本は幕末以来の悲願である不平等条約の改正に成功したのです。

しかしアメリカ国内には条約改正に反対する勢力がおり，反対派の記者団は調印後出てきたアメリカの外交団に対して質問を浴びせかけてきました。アメリカの外務大臣にあたる国務長官のフィランダー＝ノックス長官は先に行ってしまったので，あなたが記者団からの質問を答えることになりました。

記者Ａ「なぜ日本との条約を改正したのですか⁉　今のままの状態で十分だったではないですか！」
記者Ｂ「アメリカがそんなに弱腰の外交でいいんですか⁉　もっと強気に出れば日本を黙らせることができたのではないですか⁉」
記者Ｃ「日本は我々アメリカと対等な条約を結ぶような国なのですか？　アメリカ国民が納得いく説明をお願いします‼」

あなたはなぜ日本との不平等条約を改めることにしたのか，その理由を説明することになりました。
日本はどのような国になったのか，日本人がどのように国をつくってきたかを説明することにしました。見事に記者団を納得させましょう。

	パフォーマンスの尺度（評価の指標）
A	・アメリカが日本との条約改正に応じた理由を，日本が明治時代を通じてどのような国家になってきたかを国内の変化や諸外国との関係から具体的な事例を複数使い多面的にまとめ，さらにそこに至る日本国民の感情にも触れて説明している。
B	・アメリカが日本との条約改正に応じた理由を，日本が明治時代を通じてどのような国家になってきたかを国内の変化や諸外国との関係から具体的な事例を用いて説明している。
C	・アメリカが日本と条約改正した理由を説明していない。 ・条約改正の理由を日本の国内の変化や対外関係の変化に求めていない。

年　　　組　　　番：氏名

（1）日本という国家が成長して，国際的地位の向上につながったと思われる内容を国内・国外に分けて整理しましょう。

【国内の内容】	【国外の内容】

（2）リストアップした内容から，記者団への説明に使おうと思うものを選択し，どのように日本の国際的地位が向上したかを整理しましょう。

内容	どのように国際的地位向上につながったか

（3）記者団に説明する内容を整理しましょう。

明治日本は幸せな国？

生徒に身につけさせたい力

本単元では明治日本の産業及び文化が近代化したことを理解することを目標とする。明治の日本は一面的な見方をすると，植民地化の危機を乗り越え，立憲制を成立させた近代的な国家へと転身し，産業的にも近代化に成功し，列強にも認められるような輝かしい側面で説明される。

これは時代の一側面を捉えてはいるが，一方では諸改革や戦争により重税を課せられたり，家族を失ったりする人々，また，公害や厳しい労働環境に苦しむ人々もいたことを忘れてはならない。

よって，本単元ではあえて明治日本は幸せな国だったか，と問うことで時代を多面的・多角的に着目させることとした。

単元の目標

近代化のもたらした影響に着目して，近代化により国民の生活にどのような変化があったかを多面的・多角的に考察し，日本で近代産業・近代文化が形成されたことを理解する。

単元の評価規準

知識・技能
・明治時代の日本で近代産業や近代文化が形成されたことを理解している。 ・明治時代がどのような時代だったかを理解している。
思考力・判断力・表現力
・日本における近代産業や近代文化形成の背景を，政府の主導や西洋の影響，様々な立場の人々に着目しながら，事象を相互に関連させながら多面的・多角的に考察し，表現している。 ・明治時代の特徴を国際関係，国民生活の変化，国民感情などに着目し，多面的・多角的に考察している。
主体的に学習に取り組む態度
・明治時代の日本は人々にとって幸せな国だったのかについて，見通しをもって学習に取り組み，学習の成果を生かして改善を加え，よりよい考えをつくろうとしている。

単元の指導計画

時	主な学習活動	評価
1	**◆明治文化の特色は何か** 明治文化の特徴はどのようなものだったかを，文学や芸術，科学技術などの点から理解する。	・明治時代の文化の特徴を，江戸時代までの文化との比較から考察し，表現している。(思判表) ・明治時代の文化はそれまでの日本の文化の上に西洋の文化を受容して形成されたものであること，また，科学技術の面では世界的に活躍した人がいたことを理解している。(知技)
2	**◆日本の工業化** 日本の工業化について，殖産興業政策や，日清戦争での賠償金の活用などから，どのような方針で行われたかを理解する。	・日本の工業化の背景について，政府の方針に着目しながら考察し，表現している。(思判表) ・日本の工業化は政府の富国強兵政策の下で，上からの形で行われていったことを理解している。(知技)
3	**◆工業化による人々の生活の変化** 産業革命によって人々の生活にはどのような変化があったかを，資本主義の広まり，紡績工場などの労働問題，公害などを通して理解する。	・工業化による国民生活の変化について，生活の向上と悪化の二面性に着目して考察し，表現している。(思判表) ・日本で産業革命が起きたことで，国が発展し豊かな生活を送る人が出る一方，厳しい労働環境で働く人や公害で苦しむ人など負の側面があったことを理解している。(知技)
4	**◆明治の日本は幸せな国だったか** 明治時代の日本は，日本国民にとって幸せな国であったかどうか，賛成・反対の立場に分かれて討論することで，考察する。	・明治時代の時代観を様々な立場の意見を考慮し，多面的・多角的に考察して表現している。(思判表)

授業展開例（第４時）

（１）パフォーマンス課題

あなたは大正時代の若手政治家で，これから国政に参加して日本を変えていこうと気合十分です。これからの日本をよくしていくためには前時代の分析が大切と考えました。そこで，自分に協力してくれている仲間を集めて，明治時代の分析を行うことにしました。すると仲間たちの意見は真っ二つに割れてしまいました。 　一方のグループは「明治時代の日本は幸せな国だった。よって今後もその路線を継承していくべき」と主張しているようです。また一方は「明治時代の日本は不幸な国だった。だから政治の在り方を変えていかなければならない」との主張です。 　あなたはこれからの時代を動かしていく政策を立案するためにこの議論は大切と考え，徹底的に双方の立場の意見を聞くことにしました。そして，そのうえで自分の考えを固めて，今後の日本のあるべき姿を考えようと考えました。 「さあみんな，この議論が今後の日本の在り方を決めるというつもりで議論を尽くそうじゃないか。明治時代の日本は幸せだったのか，不幸だったのか徹底的に話し合おう」

（２）ルーブリックとその文例

	パフォーマンスの尺度（評価の指標）
A	・明治時代以降の日本がどのようにあるべきかを，様々な立場の考えや日本が置かれた国内・国外の状況を踏まえて述べている。また，明治時代の日本が幸せだったか不幸だったかを判断し，その判断の理由を具体的な事象を基に述べている。
B	・明治時代以降の日本がどのようにあるべきかを，様々な立場の考えを踏まえて述べている。また，明治時代の日本が幸せだったか不幸だったかを判断し，その判断の理由を具体的な事象を基に述べている。
C	・明治時代の日本が幸せな国だったかそうでなかったかの判断や説明がされていない。 ・明治時代以降の日本のあるべき姿を説明していない。

（３）授業の流れ

①導入

　本単元のまとめとなるパフォーマンス課題は，明治時代全体を包括する内容となっている。明治時代を扱う前２単元に本単元の内容を加えることで明治時代の姿がはっきりと読み取れるようになると考える。

　本課題では立場を決めて考察をし，議論する形態を取り入れたい。改めてパフォーマンス課題を確認した後，グループ単位で立場を「幸せな国」と「不幸な国」の2つに割り振る。可能ならばグループ数は偶数にしておくことが望まれる。

②展開

（1）では，それぞれの立場を主張するための材料を整理する。本単元の内容だけではなく，明治時代全体を通して活用できる事象を考えさせたい。その際，どの立場で「幸せ（もしくは不幸)」と言えるかをはっきりさせることに注意させたい。そうすることで立場によって見え方が大きく変わることに気がつくはずである。

情報を整理した後は意見を戦わせる時間を取る。その際にはクラス全体で意見交換をするとまったく発言できない生徒も多く出て，傍観者となってしまうため，小さなグループでの作業とした方がよいだろう。グループ数を偶数としたのは，対立するグループでペアをつくってそこでの議論を行わせるためである。

自分のワークシートには自分の立場の意見が埋められていると思うので，議論中に聞いた相手側の意見を記録させる。様々な立場や状況を踏まえた意見を確認することで多面的・多角的な歴史観をもつことができる。

教師は適宜机間指導を行い，一方が意見が弱い場合は補強することでバランスをとることを心がけたい。

（2）では，今後の日本の在り方を明治時代の状況を踏まえて考察させる。

③まとめ

明治時代の成果が，「幸せな国」をつくったのか「不幸な国」をつくったのかについては，それぞれの立場によって大きく見え方が異なるはずである。しかし，歴史的事実として今後の日本の歴史は戦争へと進み，多くの犠牲者を出すことになってしまう。なぜそのようなことになってしまうのか，どこで失敗してしまったのかという近代史全体に係る問いかけを行い，課題意識を生徒にもたせることで，以後の学習への意欲を高めさせたい。

評価基準Aの具体例（（2）の論述）

（例）明治の日本は不幸だったと思います。確かに近代化に成功し，不平等条約も解消して国際的には成功を収めたかもしれませんが，しかし一方で国民は常に大きな負担をかけられてきました。

重税も過酷な労働も，国民からしてみれば不幸以外の何物でもありません。よってこれからの日本は国民一人ひとりの幸せに目を向けて政治を行う国になっていくべきだと思います。

明治日本は幸せな国？

あなたは大正時代の若手政治家で，これから国政に参加して日本を変えていこうと気合十分です。これからの日本をよくしていくためには前時代の分析が大切と考えました。そこで，自分に協力してくれている仲間を集めて，明治時代の分析を行うことにしました。すると仲間たちの意見は真っ二つに割れてしまいました。

一方のグループは「明治時代の日本は幸せな国だった。よって今後もその路線を継承していくべき」と主張しているようです。また一方は「明治時代の日本は不幸な国だった。だから政治の在り方を変えていかなければならない」との主張です。

あなたはこれからの時代を動かしていく政策を立案するためにこの議論は大切と考え，徹底的に双方の立場の意見を聞くことにしました。そして，そのうえで自分の考えを固めて，今後の日本のあるべき姿を考えようと考えました。

「さあみんな，この議論が今後の日本の在り方を決めるというつもりで議論を尽くそうじゃないか。明治時代の日本は幸せだったのか，不幸だったのか徹底的に話し合おう」

	パフォーマンスの尺度（評価の指標）
A	・明治時代以降の日本がどのようにあるべきかを，様々な立場の考えや日本が置かれた国内・国外の状況を踏まえて述べている。また，明治時代の日本が幸せだったか不幸だったかを判断し，その判断の理由を具体的な事象を基に述べている。
B	・明治時代以降の日本がどのようにあるべきかを，様々な立場の考えを踏まえて述べている。また，明治時代の日本が幸せだったか不幸だったかを判断し，その判断の理由を具体的な事象を基に述べている。
C	・明治時代の日本が幸せな国だったかそうでなかったかの判断や説明がされていない。 ・明治時代以降の日本のあるべき姿を説明していない。

年　　組　　番：氏名

（1）明治時代の日本は幸せな国だったのかどうかを議論しましょう。
自分の立場の根拠となることを明記していきましょう。

【明治時代の日本は幸せな国だった】	⇔	【明治時代の日本は不幸な国だった】

（2）今後（明治以降）の日本のあるべき姿を述べる文章をつくりましょう。

なぜ大正にデモクラシーだったのか？

生徒に身につけさせたい力

本単元では，なぜ大正時代にデモクラシーの風潮が高まったのかを理解することを目標とする。大正時代は当初から護憲運動が起き，末期には普通選挙法が成立するなど，戦前の日本において民主主義の風潮が一際高まった時代である。なぜ大正時代の日本でそのような風潮が高まったのか，その背景を押さえたい。第一次世界大戦という世界的な情勢とその影響とともに，日露戦争後の明治時代末期の日本の状況も併せて考えることで，時代の推移や相互の関連性に着目させ，歴史を複合的に見る目を養いたい。

単元の目標

世界の動きと日本との関連に着目して，第一次世界大戦のもたらした影響を多面的・多角的に考察し，大戦前後の各国の動向と，大戦後，国際平和への努力がなされたことを理解する。

単元の評価規準

知識・技能
・大正時代の日本で民主主義の動きが高まった理由を理解している。
思考力・判断力・表現力
・なぜ大正時代の日本で民主主義の動きが高まったかについて，推移や事象同士の関連に着目して国民の意識の変化や第一次世界大戦の影響などを基に，多面的・多角的に考察し表現している。
主体的に学習に取り組む態度
・なぜ大正時代に民主主義の動きが高まったかについて，見通しをもって学習に取り組み，学習の成果を生かして改善を加え，よりよい考えをつくろうとしている。

単元の指導計画

時	主な学習活動	評価
1	**◆なぜ第一次世界大戦は起きたのか** ・第一次世界大戦が起こった原因を，当時の列強間の同盟や対立といった関係や各国の方針から考え，理解する。 ・パフォーマンス課題を提示し，学習の見通しをもつ。	・第一次世界大戦が起こった理由を，各国間の利害関係に着目して考察し，表現している。(思判表) ・第一次世界大戦は列強間の複雑な利害関係による対立が原因になって起きた

		ことを理解している。(知技)
2	**◆ロシア革命と大戦の影響** 大戦中にロシア革命が起きた原因を，戦争が総力戦となったこと，これまでにない多くの戦死者が出たことなどを通して理解する。	・ロシア革命が起きた原因について，国民生活の変化に着目して考察し，表現している。(思判表) ・ロシア革命は，大戦により困窮した国民たちの不満の高まりによって起きたことを理解している。(知技)
3	**◆ベルサイユ条約と戦後社会** パリ講和会議やその後のワシントン会議はどのような目的で行われたかを，各会議で調印された条約の内容から考え，戦後社会の特徴を理解する。	・第一次世界大戦後，どのような社会が目指されたのか，会議の内容や戦争の被害に着目して考察し，表現している。(思判表) ・大戦後の社会は，大戦の被害の大きさから不戦・軍縮の傾向を取ったが，敗戦国には厳しい状態があったことを理解している。(知技)
4	**◆アジアの民族運動** なぜ大戦後のアジアで民族運動が高まったかを，当時のアジアが置かれていた状態やベルサイユ条約の内容から考えて理解する。	・民族運動の高まりについて，民族自決や帝国主義に着目して考察し，表現している。(思判表) ・大戦後のアジアでは帝国主義下で植民地支配を受けていた人々が，民族自決の原則を掲げて独立運動を展開したことを理解している。(知技)
5	**◆政党内閣の成立** 大正時代の日本の政治にはどのような特徴があるかを，護憲運動や民本主義，普通選挙法などを通して理解する。	・大正時代の政治の特色を，国民の負担や国民の政治参加に着目して考察し，表現している。(思判表) ・大正時代は倒閣運動を起こすなど，国民の政治に対する意識が高まり，その意向を反映した政治が行われたことを理解している。(知技)
6	**◆大正の社会運動** 女性の参政権獲得運動や労働争議などの社会運動が盛んになった理由を理解する。	・社会運動の高まりについて，世界的な動向と関連づけて考察し，表現している。(思判表) ・大正時代には，第一次世界大戦の影響で，女性や労働者の地位が重視され，社会運動が活性化したことを理解している。(知技)
7	**◆大衆文化の成立** 大正期には都市を中心とした大衆中心の文化が発展したことを，工業化の進展，人口動態や生活圏の変化，娯楽の増加などの生活スタイルの変化から考え，理解する。	・大正時代に大衆文化が発達したことについて，工業化に着目して考察し，表現している。(思判表) ・産業革命や大戦景気の影響などで工業化が進み，都市への人口移動が多くなったことで，大衆文化が発達したことを理解している。(知技)

8	◆なぜ大正にデモクラシーだったのか なぜ大正期の日本において民主主義の機運が高まったのかを，様々な理由を総合して考える。	・大正期に民主主義が活性化した背景を，大戦の影響，国民意識の変化などに着目して考察し，表現している。（思判表）

授業展開例（第８時）

（１）パフォーマンス課題

あなたは雑誌『○○』の記者です。1926（大正15）年12月，大正天皇が亡くなったことを受けて，大正時代が終わりました。大正時代は短くはありましたが，末期にはとうとう普通選挙法が制定されるなど，国民の政治参加が高まった時代です。あなたは記者として，なぜ大正時代に日本において民主主義の風潮が高まったのかという特集を組むことによって，大正時代をまとめようと思い立ち，編集長に相談しました。

編集長「なるほど。企画の趣旨はよくわかった。確かに大正15年間の間に様々な面で国民の活動が活発になった。これからの新時代もその風潮を失わせないためにも，この企画を行う意味があるだろう。そして我々の雑誌も大正時代に生まれたものだ。この企画を行う義務があるだろう。君に任せる。よい記事を書きなさい」

あなたは編集長の期待に応えるためにもよい記事を書くために取材に乗り出すことになりました。大正時代とはどのような時代で，なぜ民主主義の機運が高まった時代だったのかがわかる記事を書きましょう。

（２）ルーブリックとその文例

	パフォーマンスの尺度（評価の指標）
A	・大正時代に民主主義の動きが高まった理由を，明治時代からの影響，国内の様々な変化や第一次世界大戦の影響などを関連づけて，時代の特徴を表しながら説明している。
B	・大正時代に民主主義の動きが高まった理由を，国内の変化や第一次世界大戦の影響などを関連づけて説明している。
C	・大正時代に日本で民主主義の動きが高まった理由を説明できていない。

（３）授業の流れ

①導入

冒頭でパフォーマンス課題の確認を行う。大正時代に民主主義の動きが高まった理由を，これまで単元を通じて学習してきたことから考えさせるために，扱った具体的な出来事などを簡単に復習する。それらの出来事がどのように民主主義の高まりにつながるかを考えさせるために，様々な出来事の主役が主に民衆であったことを捉えさせる。

②展開

ワークシートの図を完成させることで，民主主義の動きが高まっていった理由を考えさせる。図はピラミッドストラクチャーと言われるもので，論理構成を図式化できるものである。中段の枠に，民主主義の動きが高まった理由となることを入れ，下段の枠にその理由の根拠となる具体的な歴史的事象を入れる。

作業はワークシートの（1）までをグループでの活動とし，様々な考えを出し合いながら考えさせたい。最初からワークシートに直接記入してしまうと，消して書き直すなどのタイムロスが発生するので，付箋を用意して付箋を貼り替えながら考えさせたい。付箋は中段用と下段用と2種類用意するのが理想的である。ワークシートには便宜上，3つの中段枠と，各中段枠に3つの下段枠を用意しているが，生徒の活動から枠の増減は自由とさせてよい。民主主義の動きが活性化していった背景として，日本国民が政治参加を求めていった（具体的には普選獲得運動）ことと，第一次世界大戦とその影響が社会の価値観（労働者や女性などの地位向上）を変化させたことが，日本の政治状況に関係してきていることは，意識させたい。作業のときには机間指導を行い，関連づけられていないグループがあれば支援をしていきたい。各グループで作成したピラミッドストラクチャーを用いて意見を発表させる。その後（2）として他グループからの意見も参考にしながら，最終的な自分の意見をつくらせる。（1）のときの注意点を確認して記述させたい。

③まとめ

大正時代の日本では後に「大正デモクラシー」と呼ばれるように，様々な社会運動が活性化し，「憲政の常道」と呼ばれる政党政治が始まった時代であったと総括したい。しかしながら，首相であった原敬が暗殺されるなど国内の情勢は不安定であったこと，またワシントン会議以降の軍縮の流れに対する軍部の不満と国際関係の後退（日英同盟の廃止を含む），そして普選法と同時に治安維持法も制定されており，必ずしも日本に明るい将来が約束されていたわけではなかったことも確認したい。

評価基準Aの具体例（（2）の論述）

（例）明治時代の戦争以降，国民は重たい税負担や犠牲を払ってきたことへの不満があった。そのような中で第一次世界大戦が起きたことで総力戦体制が生まれ，庶民の重要性が認識されるようになった。結果として様々な社会運動が起きたり，国民からも政治参加を求めて普通選挙法を求める運動が起きたりした。そして，それを支える民本主義などの理論も出てきた。また文化の担い手も都市部の大衆に移行していった。このように大正時代には社会における民衆の重要性が高まったから民主主義の動きが高まったと考えられる。

ワークシート ⑱ 近代の日本と世界

なぜ大正にデモクラシーだったのか？

あなたは雑誌『〇〇』の記者です。1926（大正15）年12月，大正天皇が亡くなったことを受けて，大正時代が終わりました。大正時代は短くはありましたが，末期にはとうとう普通選挙法が制定されるなど，国民の政治参加が高まった時代です。あなたは記者として，なぜ大正時代に日本において民主主義の風潮が高まったのかという特集を組むことによって，大正時代をまとめようと思い立ち，編集長に相談しました。

編集長「なるほど。企画の趣旨はよくわかった。確かに大正15年間の間に様々な面で国民の活動が活発になった。これからの新時代もその風潮を失わせないためにも，この企画を行う意味があるだろう。そして我々の雑誌も大正時代に生まれたものだ。この企画を行う義務があるだろう。君に任せる。よい記事を書きなさい」

あなたは編集長の期待に応えるためにもよい記事を書くために取材に乗り出すことになりました。大正時代とはどのような時代で，なぜ民主主義の機運が高まった時代だったのかがわかる記事を書きましょう。

	パフォーマンスの尺度（評価の指標）
A	・大正時代に民主主義の動きが高まった理由を，明治時代からの影響，国内の様々な変化や第一次世界大戦の影響などを関連づけて，時代の特徴を表しながら説明している。
B	・大正時代に民主主義の動きが高まった理由を，国内の変化や第一次世界大戦の影響などを関連づけて説明している。
C	・大正時代に日本で民主主義の動きが高まった理由を説明できていない。

（1）民主主義の動きが高まった理由を説明するために次の図を活用して論理的になるようにまとめてみましょう。図の下段には具体的な出来事を，中段にはそれら出来事をまとめて考えられる，民主主義の動きが高まった理由を書き込みましょう。

年　　　組　　　番：氏名

大正時代の日本で
民主主義の動きが高まった

（2）民主主義の動きが高まった理由を説明しましょう。

なぜ戦争は起きるのか？

生徒に身につけさせたい力

本単元の目標は，第二次世界大戦が人類全体に惨禍をもたらしたことを理解することにある。なぜ人類は第一次世界大戦の教訓を生かすことができず，再び世界大戦を起こしてしまったのだろうか。アジア，ヨーロッパでそれぞれの国が戦争という選択肢を選んでいく過程を考察していくことで，なぜ悲惨な結果しか生まない戦争が起こるのかを考えたい。この時代から現在の私たちが学ばなければならないことも多いはずである。その視点も忘れてはならない。

単元の目標

経済の変化の政治への影響や世界の動きと日本との関連に着目し，なぜ再び世界大戦が起きてしまったのかを多面的・多角的に考察し，大戦が人類全体に惨禍を及ぼしたことを理解する。

単元の評価規準

知識・技能
・第二次世界大戦が人類全体にどのような惨禍をもたらしたかを理解している。
思考力・判断力・表現力
・多くの被害を生んだ第二次世界大戦が起きた原因を，経済の変化や国際社会の動向に着目して，事象を相互に関連させながら多面的・多角的に考察し，表現している。
主体的に学習に取り組む態度
・なぜ戦争は起きるのかについて，見通しをもって学習に取り組み，学習の成果を生かして改善を加え，よりよい考えをつくろうとしている。

単元の指導計画

時	主な学習活動	評価
1	**◆終戦と第二次世界大戦** ・壊滅した東京や広島・長崎，ベルリンなどの都市から第二次世界大戦がどれほど多くの被害をもたらしたかについて学習する。 ・パフォーマンス課題を提示し，学習の見通しをもつ。	・第二次世界大戦の被害について，発生した時期や第一次世界大戦との比較に着目して考察し，表現している。（思判表） ・第一次大戦の終戦からわずか20年ほどで，さらに多くの犠牲者を生む戦争が起きたことを理解している。（知技）

2	**◆世界恐慌とその影響** 世界恐慌について，各国の失業者数やとられた政策，それによって生じた対立などを整理し，その影響の大きさを理解する。	・世界恐慌の影響について，世界のつながりに着目して考察し，表現している。(思判表) ・世界中の国々が深刻な被害を受け，その後政策によって潜在的な対立が生じたことを理解している。(知技)
3	**◆ヒトラーの権力掌握** ヒトラーが権力を握ることができたことについて，ベルサイユ条約によるドイツの苦境やヒトラーの主張，民主主義の制度などを関連づけて理解する。	・ヒトラーの権力掌握について，ドイツにおける社会不安や選挙制度に着目して考察し，表現している。(思判表) ・恐慌による社会不安やベルサイユ体制に対する不満をもつドイツ国民によってヒトラーが合法的に権力を握ったことを理解している。(知技)
4	**◆世界恐慌と日本** 昭和初期における日本の経済状況を，世界恐慌の影響や関東大震災や冷害などの自然災害を関連づけて考え，理解する。	・昭和初期の経済状況について，日米関係や自然災害の影響に着目して考察し，表現している。(思判表) ・日本は世界恐慌の直接的な影響や度重なる災害等により深刻な不況にあったことを理解している。(知技)
5	**◆軍部の台頭と政党政治の終焉** 政党政治が国民からの支持を失った理由を，昭和初期の不景気からくる社会不安や満州事変や5.15事件，2.26事件などの軍部が起こした様々な事件から国民感情を捉え，理解する。	・軍部が力をもった背景を，経済状況や国民感情と関連づけて考察し，表現している。(思判表) ・不景気による社会不安を解決できない政党政治が支持を失う一方で，軍部が行動することで台頭していったことを理解している。(知技)
6	**◆日中戦争と国民生活** 日中戦争の開戦により国民の生活が平時と比べどのように変化したかを，国家総動員法や大政翼賛会などを通して理解する。	・戦争による国民生活の変化を，国家の統制に着目して考察し，表現している。(思判表) ・日中戦争により総力戦体制がとられたことを理解している。(知技)
7	**◆第二次世界大戦の始まり** 第二次大戦を止めることはできなかったのかをドイツのポーランド侵攻に至るまでの過程から考える。	・戦争を止める可能性について，様々な場面・方法があることに着目し，その機会について構想している。(思判表)
8	**◆太平洋戦争の始まり** なぜ日本は米英との開戦を選択したのか，日中戦争の経緯，資源，アメリカとの政治的・経済的な関係を通して考え，理解する。	・日米開戦の背景を，日中関係，日米関係に着目し，回避の可能性があったことも踏まえて考察し，表現している。(思判表) ・日中戦争が長引く中で，関係が悪化したアメリカとの交渉が不調に終わり開戦したことを理解している。(知技)
9	**◆太平洋戦争はどのような戦いだったか** 太平洋での戦いはどのような特徴があったかを，主戦場が太平洋南方の島であったこと，そこでの戦闘がどのようなものかを考えて，理解する。	・太平洋戦争の厳しさを，戦場となった場所の位置などに着目して考察し，表現している。(思判表) ・島が戦場になったことで補給も難しい中，苦しい戦いが行われたことを理解している。(知技)
10	**◆戦時下の国民生活** 太平洋戦争下の国民生活はどのようなものであったかを，学童疎開や空襲などの戦争との関わりを中心にし	・戦時下の国民生活の特徴について，日中戦争との比較に着目して考察し，表現している。(思判表)

	て理解する。	・太平洋戦争下での国民は空襲の被害から，命の危機にさらされていたことを理解している。(知技)
11	**◆なぜ戦争は起きるのか** なぜ戦争が起きるのか，その理由をこれまで学習してきた様々な戦争の原因などから整理し，戦争をなくすためには何が必要かを考える。	・戦争が起きる理由と防ぐために必要なことについて，国家間の利害や社会不安に着目して考察し，表現している。(思判表)
12	**◆中項目のまとめ：近代とはどのような時代か** 近代とはどのような時代かについて，近世までの時代と比較しながら整理して，その特色を理解する。	・近代という時代の特色を，近世までの時代と比較して違いを明確にして理解している。(知技)

授業展開例（第11時）

（1）パフォーマンス課題（抜粋）

あなたは歴史学の学者で，近代の歴史を研究しています。今日は中学校からの依頼で，近代の歴史の出前授業に行くことになっています。事前に受け取った生徒からの質問には次のように書かれていました。

「近代の歴史は戦争ばかりですね。日本も太平洋戦争で大勢の人が亡くなったと習いました。戦争はたくさん人が死んでしまうし，やってはいけないことのはずなのにどうして起きてしまうんでしょうか」

これからの平和な世の中をつくっていってもらうためにも，なぜ戦争が起きるのかを生徒に考えてもらおうとあなたは考えました。一方的に話すのではなく，生徒に作業してもらって共に考えるための講演会にすることにしたのです。

講演会当日，あなたは次のように話します。

「さあ皆さん，なぜ戦争が起きてしまうのか，みんなでその原因を書き出し，国内の政治状態や経済，国同士の関係などと関連づけて，解き明かしていきましょう！　そして，戦争のない世の中にするためにはどうすべきかを考えましょう」

（2）ルーブリックとその文例

	パフォーマンスの尺度（評価の指標）
A	・戦争が起きる原因を，近代に起きた歴史的事象を根拠として，国際関係や経済などに着目して考察し，それぞれの内容を関連づけることで説明し，かつ戦争のない世の中にするにはどうしたらいいかまで言及している。
B	・戦争が起きる原因を，近代に起きた歴史的事象を根拠として，国際関係や経済などに着目して考察し，それぞれの内容を関連づけることで説明している。
C	・戦争が起きる原因を説明できていない。近代の歴史的事象を根拠として活用できていない。

（３）授業の流れ

①導入

本単元は太平洋戦争終結までを扱う重要な単元である。そのため単元冒頭にあえて終戦の授業を入れ，太平洋戦争においてどれほどの犠牲が払われたかを学習することで，なぜそのような戦争が起きたのか，という動機づけを行っている。本時において冒頭でパフォーマンス課題を確認するが，その際，再度，戦争においてどれほどの犠牲が出たのかを，日本だけではなく世界の視点で確認させることで，より課題への動機を強めさせたい。

②展開

（１）において戦争発生の原因となることをウェビングマップをつくらせることで整理させていく。項目は歴史的事象など個別事象と，概念事象に分かれると考えられる。マップに配置させるときは概念事象の方がより中心に近いところに位置されることに注意させたい。

また，マップ作成は個人用のワークシートでは小さく共有もできないので，協働作業用に大きな紙を用意し，付箋などを活用して作成させたい（個別事象と概念事象を付箋で色分けしてもよいかもしれない)。それから，事象間の関係を線で結びつけることで関連を考察させ，戦争が起きる理由には極めて複雑な背景があることを捉えさせたい。

（２）では作成したマップから自分の考えを整理させ文章化させる。（１）はグループでの作業，（２）は個人作業を想定している。

③まとめ

様々な背景・理由から戦争が起きたことを確認し，それらの反省から現在の社会があることを確認させる。そして，過去に起きた二度と起きてはいけない出来事を教訓とし，未来を考えるために歴史を学ぶのだという，歴史を学ぶ意義を生徒に伝えたい。

評価基準Ａの具体例（（２）の論述）

（例）戦争は人々の不安な気持ちから起きると思います。太平洋戦争の日本も昭和恐慌など度重なる不況で経済が悪化し，国民生活が不安になる中で起きました。

また，満州事変の影響で国連を脱退するなど不安が高まっていく中で軍部が出てきて戦争へとつながりました。国内の政治も首相が暗殺されたり２・26事件のようなクーデター事件が起きたりと不安の状態にありました。日清日露戦争も植民地化されるかもという不安の中で起きました。

つまり，不安な気持ちのときには正常な判断ができなくなってしまうのだと思います。だから，戦争のない世の中をつくるためには正常な判断ができるように，政治も経済も外交も国民が不安にならないような状態をつくるように人々は努力すべきだと思います。

なぜ戦争は起きるのか？

あなたは歴史学の学者で，近代の歴史を研究しています。今日は中学校からの依頼で出前授業に行くことになっています。そこで近代の歴史について話すことになっているのです。事前に生徒からの質問を中学校から受けていたのですが，そこに次のような質問が書かれていました。

生徒「先生，近代の歴史は戦争ばかりですね。日本も太平洋戦争で大勢の人が亡くなったと授業で習いました。戦争はたくさん人が死んでしまうし，やってはいけないことのはずだし，やってもよいことないはずなのにどうして戦争は起きてしまうんでしょうか。教えてください」

戦争はいけないこと。それは多くの生徒がわかっている。しかしなぜ戦争が起きてしまうのかについてはわかっていない生徒が多い。これから平和な世の中をつくっていってもらうためにも，なぜ戦争が起きるのかを生徒に考えてもらおう。あなたはそう考えました。一方的に話すのではなく，生徒に作業してもらい，共に考えるための講演会にすることにしたのです。

講演会当日

あなた「さあ皆さん，なぜ戦争が起きてしまうのか，みんなでその原因を書き出し，国内の政治状態や経済，国同士の関係などと関連づけて，解き明かしていきましょう！　そして，戦争のない世の中にするためにはどうすべきかを考えましょう」

	パフォーマンスの尺度（評価の指標）
A	・戦争が起きる原因を，近代に起きた歴史的事象を根拠として，国際関係や経済などに着目して考察し，それぞれの内容を関連づけることで説明し，かつ戦争のない世の中にするにはどうしたらいいかまで言及している。
B	・戦争が起きる原因を，近代に起きた歴史的事象を根拠として，国際関係や経済などに着目して考察し，それぞれの内容を関連づけることで説明している。
C	・戦争が起きる原因を説明できていない。近代の歴史的事象を根拠として活用できていない。

年　　　組　　　番：氏名

（1）戦争発生につながる理由をウェビングマップで広げていきましょう。

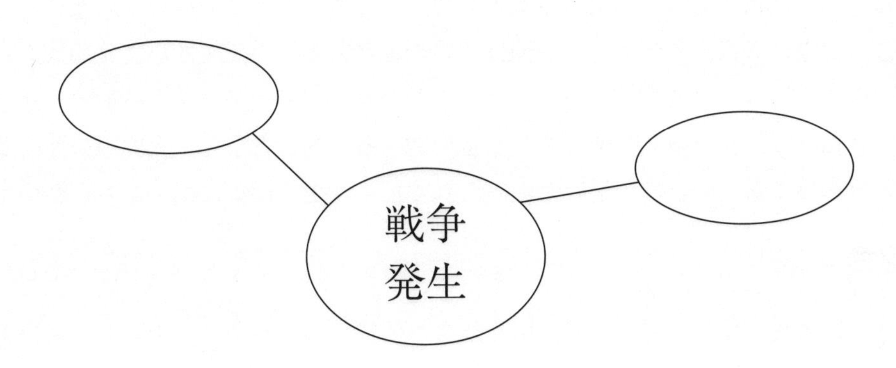

（2）ウェビングマップを活用し，なぜ戦争が起きるのかを文章でまとめましょう。

戦後の日本をテーマにした歴史トーク番組に参加しよう

生徒に身につけさせたい力

本単元は，第二次世界大戦から東西冷戦が激化してくるあたりまでの日本の歴史を，世界の歴史と関連づけながら扱っていく。我が国は大戦の混乱の中から民主的な文化国家を目指して再建と独立の道を歩み，冷戦など世界の動きとの関わりの中で経済や科学技術の急速な発展を成し遂げてきた。こうした現代社会の変化を多面的・多角的に考察し，大戦後の諸改革の特色や世界の動きの中で新しい日本の建設が進められていく歴史を確実に捉える力を養いたい。

単元の目標

冷戦，我が国の民主化と再建の過程，国際社会への復帰などを基に，諸改革の展開と国際社会の変化，政治の展開と国民生活の変化などに着目して，日本の民主化と冷戦下の国際社会について現代の社会の変化の様子を多面的・多角的に考察し，第二次世界大戦後の諸改革の特色や世界の動きの中で新しい日本の建設が進められたことを理解する。

単元の評価規準

知識・技能
・冷戦，我が国の民主化と再建の過程，国際社会への復帰などを基に，第二次世界大戦後の諸改革の特色や世界の動きの中で新しい日本の建設が進められたことを理解している。
思考力・判断力・表現力
・諸改革の展開と国際社会の変化，政治の展開と国民生活の変化などに着目して，事象を相互に関連づけるなどして，日本の民主化と冷戦下の国際社会について現代の社会の変化の様子を多面的・多角的に考察し，表現している。
主体的に学習に取り組む態度
・第二次世界大戦後の諸改革の特色や世界の動きの中で新しい日本の建設が進められたことについて見通しをもって学習に取り組もうとし，学習を振り返りながら課題を追究しようとしている。

単元の指導計画

時	主な学習活動	評価
1	**◆戦後の再出発** 終戦に至るまでの歴史的な過程を基に，連合国の立場や我が国の立場からそれぞれの戦後復興を進めていくための考えを多面的・多角的に考察し，敗戦後の日本の人々と社会の様子について理解する。	・終戦に至るまでの歴史的な過程を基に，敗戦後の日本の人々と社会の様子について理解している。（知技） ・様々な立場から戦後復興を進めていくための考えを多面的・多角的に考察している。（思判表）
2	**◆新しい憲法の成立** GHQ の民主化政策の進展を基に，新しい憲法の必要性について多面的・多角的に考察し，どのような成立過程で，どのような性格をもつ新しい憲法がつくられたのかを理解する。	・GHQ の民主化政策の進展を基に，どのような性格をもつ新しい憲法がつくられたのかを理解している。（知技） ・戦後の民主化政策の進展を基に，新しい憲法の必要性について多面的・多角的に考察している。（思判表）
3	**◆冷戦の影響と世界** 世界を二分する冷戦の勃発を基に，冷戦の世界や日本への影響を多面的・多角的に考察し，国際社会の変化によって日本の占領政策が転換したことを理解する。	・世界を二分する冷戦の勃発を基に，国際社会の変化によって日本の占領政策が転換したことを理解している。（知技） ・各陣営の思惑を基に，冷戦の世界や日本への影響を多面的・多角的に考察している。（思判表）
4	**◆国際社会への復帰** 国際社会の変化を基に，国際社会に復帰する際に残してしまった諸課題について多面的・多角的に考察し，日本の国際社会への復帰の過程と日本の国際的な位置づけについて理解する。	・国際社会の変化を基に，日本の国際社会への復帰の過程と日本の国際的な位置づけについて理解している。（知技） ・冷戦の影響を基に，国際社会に復帰する際に残してしまった諸課題について多面的・多角的に考察している。（思判表）
5	**◆検証・新しい日本の建設** 戦後の日本の変化に大きな影響を与えた出来事や日本の戦後改革の目標，戦後日本の変化について，学習の成果を生かしながら考察し，簡潔に表現する。	・単元の学習の成果を生かし，複数の歴史的事象を関連づけながら，日本の戦後改革の目標や戦後日本の変化について多面的・多角的に考察し，表現している。（思判表）

授業展開例（第5時）

（1）パフォーマンス課題

あなたは歴史好きなサラリーマンです。最近は，近現代の日本に関する歴史にハマっていて，買ってきた本を日々読み進めているのでした。あなたは終戦までの歴史についてはほぼ造詣を深めることができ，いよいよ戦後の日本の歴史についての本を読み進めています。ある日，あなたは通勤電車の中で前日に買った本を読んでいると，挟まっていた一枚の広告チラシに目がいきました。

「NNR チャンネル特別企画『検証・新しい日本の建設』一般参加者募集中！」

それは，歴史番組を専門に制作しているチャンネルで，戦後の日本の歴史に関して一般参加者を集めて討論し，その真相を掘り下げようという歴史トーク番組の参加者募集広告でした。「これは，面白いぞ，早速応募しよう‼」あなたはすぐさまスマホを取り出してネットから参加申し込みをしたのでした。数日後，NNR チャンネルの担当者から一般参加者に当選したとの連絡があり，あなたは大喜び。収録日を楽しみに過ごしたのでした。

そしていよいよ収録日です。スタジオに入ると何人もの一般参加者が集まっていました。緊張しながら指定された席に座っていると，いよいよ収録が始まりました。総合司会を務める歴史好きで有名な大俳優の○○さんのトークを感激しながら話を聞いていると，いよいよ一般参加者に最初の質問が出ました。

「歴史好きの皆さんならもうおわかりのことですが，戦後の日本の変化に大きな影響を与えた出来事にはどのようなものがあるでしょうか。いろいろあると思いますが，思いついたことをどんどん出してみましょう」

あなたは，膨大な本から得た知識を振り返って回答用のボードにどんどん書いていきました。そして，戦後日本の主な出来事が振り返られると次の質問が出されました。

「日本の戦後改革は，どのような目標のもとに進められたのでしょうか。あなたなりに整理して回答してください」

あなたは少し考えて，回答用のボードに書きました。発表された一般参加者の回答は，少しずつ違った表現でした。いろいろな解釈が入ってきて興味深く議論は進みます。

「それでは最後の質問です。よく考えてください。ズバリ，戦後になって日本はどう変わったのでしょうか」

この質問には少し悩みましたが，あなたは議論の成果も生かして回答しました。さて，収録時間はあっという間に過ぎ，収録終了の時間です。歴史に浸った満足感で，あなたの帰路の足取りは来たときよりもずっと軽くなっていたのでした。

（2）ルーブリックとその文例

	パフォーマンスの尺度（評価の指標）
A	・評価基準Bの観点を十分に満たしたうえで，世界の動きの影響など国際的な視点からも考察し，表現している。
B	・単元の学習の成果を生かし，複数の歴史的事象を関連づけながら，日本の戦後改革の目標や戦後日本の変化について多面的・多角的に考察し，表現している。
C	・評価基準Bの観点をおおむね満たしているとは言えないもの。

（3）授業の流れ

①導入

授業の冒頭にパフォーマンス課題やルーブリックを示してから始める。パフォーマンス課題のストーリーを範読しながら，教室は収録スタジオ，授業者は大物俳優の司会者○○さん（授業者の名前を入れる），そして生徒は一般参加者である「あなた」と設定して授業を始める。ここでは終始，課題のストーリーを再現して雰囲気を盛り上げたい。授業者の演技力に期待したいところである。

②展開

ストーリーを進めていく中で，3つの課題に回答させる。ワークシートの回答欄に，番組で本当に回答するつもりで書かせていく。回答ができたら授業者は司会になりきって発表させていこう。単に数人を指名して発表させるだけにとどまらず，ある生徒の発表に対して別の生徒にコメントを求めたり，意見が二分したら全体の比率を示してみたりと本当のトーク番組のような工夫をしてほしい。情報バラエティー番組の司会のように，上手に発表者に話させていく。そして3つ目の質問は，個人→グループ→個人の流れで，自身の考えを深めさせる。

③まとめ

3つ目の質問について，グループでどのような議論がなされたのかや最終的な個人の意見などを確認しながら，最後は総合司会である授業者の話で授業（番組）をまとめて終了する。このときの話は，議論や発表の過程を振り返りながら，本時の目標「第二次世界大戦後の諸改革の特色や世界の動きの中で新しい日本の建設が進められたこと」に特に留意してまとめてほしい。

評価基準Bの具体例（回答のポイント）

（1）本単元の学習の成果を生かしていること。世界の動きの影響が入れば高評価。

（2）貧しさからの解放，平和と民主化，国際社会への復帰など。

（3）貧しさからの解放や民主化，国際社会への復帰という目標の達成はある程度実現はできたものの，冷戦など国際社会の影響を受けて新たな課題も明らかとなる中で，現代日本の骨組みが形成されていったことなど。

戦後の日本をテーマにした歴史トーク番組に参加しよう

（1）総合司会者○○さんの最初の質問に答えましょう。

さて，最初の質問です。

歴史好きの皆さんならもうおわかりのことですが，

戦後の日本の変化に大きな影響を与えた出来事にはどのようなものがあるでしょうか。

いろいろあると思いますが，思いついたことをどんどん出してみましょう。

（2）総合司会者○○さんの2つめの質問に答えましょう。

次の質問は少し考えてもらいますよ。それでは質問です。

日本の戦後改革は，どのような目標のもとに進められたのでしょうか。

あなたなりに整理して回答してください。

（3）総合司会者○○さんの最後の質問に答えましょう。

それでは最後の質問です。よく考えてください。

ズバリ，**戦後になって日本はどう変わったのでしょうか。**

これはいろいろ考えられますね。

ぜひ皆さんの歴史的な造詣を生かして回答をお願いします。

★最初の自分の考え

★グループで意見交換したこと

★グループで意見交換したことを踏まえて考えた自分の考え

年　　組　　番：氏名

歴史フォーラムに参加して，日本や世界の在り方を議論しよう

生徒に身につけさせたい力

本項目は，大項目 C「近現代の日本と世界」中項目(2)現代の日本と世界の中で 2 つに分けて設定された事項の後半に位置するとともに歴史的分野最後の単元である。高度経済成長，国際化の進展，冷戦の終結などを経て，我が国が経済発展しグローバル化する社会の中で重要な地位を担い現在に至るまでの歴史を扱っていく。

ここでは，我が国の経済や科学技術が急速に発展して国民の生活が向上し，国際社会において我が国の役割が大きくなってきたことを，国民生活への影響と国際平和の実現への努力などについて考察する学習活動を基に理解できるようにすることをねらう。こうした学習を進めていく中で，歴史的分野の学習を踏まえて，現代の課題について取り上げ，考察，構想する力や歴史の大きな流れの中で現代の課題を考え続ける姿勢をもつことの大切さに気づく力を養いたい。

単元の目標

我が国の経済や科学技術が急速に発展して国民の生活が向上し，国際社会において我が国の役割が大きくなってきたことを理解するとともに，これまでの歴史学習を踏まえながら歴史と私たちとのつながり，現代と未来の日本や世界の在り方について，課題意識をもって多面的・多角的に考察，構想し，歴史の大きな流れの中で現代の課題を考え続ける姿勢をもつことの大切さに気づこうとする態度を養う。

単元の評価規準

知識・技能
・我が国の経済や科学技術が急速に発展して国民の生活が向上し，国際社会において我が国の役割が大きくなってきたこと理解している。
思考力・判断力・表現力
・これまでの歴史学習を踏まえながら歴史と私たちとのつながり，現代と未来の日本や世界の在り方について，課題意識をもって多面的・多角的に考察，構想し表現している。
主体的に学習に取り組む態度
・歴史と生活とのつながりや現代の日本や世界の動きに関心をもち，歴史の大きな流れの中で現代の課題を考え続ける姿勢をもつことの大切さに気づこうとしている。

単元の指導計画

時	主な学習活動	評価
1	**◆日本やアジアへの冷戦の影響** 冷戦下の国際情勢を多面的・多角的に考察し，米ソ対立が与えた日本や東アジアへの影響について理解する。	・米ソ対立が与えた日本や東アジアへの影響についての理解を通じ，国際社会において我が国の役割が大きくなってきたことを理解している。（知技）
2	**◆高度経済成長による日本の発展** 高度経済成長が起こった理由を多面的・多角的に考察し，経済の急速な発展が国民生活に与えた影響について理解する。	・経済の急速な発展が国民生活に与えた影響についての理解を通じ，国際社会において我が国の役割が大きくなってきたことを理解している。（知技）
3	**◆国際社会の変化と日本** 1970年代以降の国際関係について多面的・多角的に考察し，経済大国となった日本が国民生活や国際社会に与えた影響について理解する。	・経済大国となった日本が国民生活や国際社会に与えた影響についての理解を通じ，国際社会において我が国の役割が大きくなってきたことを理解している。（知技）
4	**◆戦後の新しい文化** 戦後復興や高度経済成長の国民生活への影響を多面的・多角的に考察し，人々の生活や文化の変化について理解する。	・人々の生活や文化の変化についての理解を通じ，国際社会において我が国の役割が大きくなってきたことを理解している。（知技）
5	**◆冷戦の終結とグローバル化** 冷戦の終結に至るまでの世界の動きについて多面的・多角的に考察し，冷戦の終結が世界に与えた影響について理解する。	・冷戦の終結が世界に与えた影響についての理解を通じ，国際社会において我が国の役割が大きくなってきたことを理解している。（知技）
6	**◆現代の日本とアジア** 冷戦後の日本の政治経済やアジアとの関係について多面的・多角的に考察し，冷戦の終結が日本に与えた影響について理解する。	・冷戦の終結が日本に与えた影響についての理解を通じ，国際社会において我が国の役割が大きくなってきたことを理解している。（知技）
7	**◆これからの日本の在り方** 歴史と私たちの生活とのつながりや現代の日本や世界の課題，これからの在り方について，グループで議論し，自身の考えを考察，構想し表現する。	・これまでの歴史学習を踏まえながら歴史と私たちとのつながり，現代と未来の日本や世界の在り方について，課題意識をもって多面的・多角的に考察，構想し表現している。（思判表）

授業展開例（第７時）

（１）パフォーマンス課題

あなたは歴史を学ぶ大学生です。これまで世界と日本のつながりを重視しながら日本の歴史について研究を進めてきました。そして，いよいよ卒業の日が近づいてきました。そんなある日，指導を受けてきた教授があなたに話しかけてきたのでした。

「卒業記念というわけではないのだが，君も歴史の研究者として踏み出す第一歩として歴史学会に参加してみてはどうかな。ちょうど来月，私が所属する学会の歴史フォーラムが開かれる。ここで君と同じような歴史の研究者を目指す大学生たちと議論しながら，これまでの歴史の学びを振り返り，歴史的な課題を探究するのもいいだろう。どうかな？」

教授の突然の提案に，あなたは胸が高鳴りました。

「ぜひ，参加させてください‼」

教授は，あなたの積極的なチャレンジを大いに喜び，あなたへの話を続けます。

「歴史フォーラムの開催日は，ちょうど１か月後の○月○日だ。今回のテーマは『歴史と私たちの生活とのつながり』『歴史から見た，これからの日本や世界の在り方』だ。大学での研究を締めくくるにはいいテーマだと思うよ」

そうあなたに話すと，教授は笑顔で研究室に向かっていったのでした。

さあ，ここから準備が始まります。あなたはさっそくこれまでの研究の成果を振り返り，この２つのテーマについて自分自身の考えをまとめ始めたのでした。

そして，いよいよ歴史フォーラムの開催日です。歴史フォーラムは主にグループでのディスカッション形式でした。指定のグループの席に向かうと，驚いたことに中学校時代の同級生がいるではありませんか。同級生もまた中学時代から夢を膨らませ，あなたとは違った道で歴史を研究していたのでした。再会を喜びつつも，いざ議論となると白熱してきます。それぞれが，これまでの研究の成果を基に持論を展開します。時には意見がぶつかり，時には共感する中で学びが深まっていきます。

あっという間に時間が過ぎ，歴史フォーラムは終了しました。あなたは熱い思いと議論の余韻に浸りながら自宅に戻ります。そして，今日の歴史フォーラムを振り返るのでした。

「今日の議論はこれまでにない学びがあったな。時には意見がぶつかることもあったけど，それは自身の考えを見直すきっかけになった。改めてかつての同級生たちに感謝だな。この余韻が冷めないうちに，もう一度自分の意見を再構成しておこう」

あなたは，２つのテーマについて，議論したことを踏まえながらもう一度考え直すのでした。翌日，再度考え直した２つのテーマについて教授に報告しにいきました。

（2）ルーブリックとその文例（ワークシートの課題3を評価対象とする）

	パフォーマンスの尺度（評価の指標）
A	・評価基準Bの観点を十分に満たしたうえで，より深い視点から考察し，表現している。
B	・設定された2つのテーマに対し，これまでの歴史学習の成果を生かし，複数の歴史的事象を関連づけながら，課題意識をもって自らの考えや意見を多面的・多角的に考察，構想し表現している。
C	・評価基準Bの観点をおおむね満たしているとは言えないもの。

（3）授業の流れ

①導入

パフォーマンス課題とルーブリックを提示し，パフォーマンス課題の設定を生徒に周知する。そして，2つのテーマをよく理解させた後に，ワークシートの1の課題に取り組ませる。

なお，本課題は，これまでの歴史学習を振り返りながら十分な思考を行ってほしいので，パフォーマンス課題の説明は前時の終末に行い，1の課題については本時までに家庭学習で行わせておくと効率的である。

②展開

本時の主要な部分である。パフォーマンス課題の設定を十分に再現し，歴史フォーラム開催当日という設定でグループディスカッションをさせる。

導入と展開を本時以外の時間で行うのであれば，1単位時間をかけて行うグループディスカッションを教師が司会者となって手順よく進行してほしい。

持論の発表，それに対しての意見や反論，さらなる反論，中間発表，後半の展開，最終的にグループで大勢をしめた意見の整理と発表など，設定と時間配分を考えておき，円滑な議論の進行をお願いしたい。

なお，パフォーマンス課題では，探究するテーマを2つ用意したが，配当時間や生徒の状況に合わせてどちらか1つを選択して実施することも検討できる。

③まとめ

議論を踏まえながら，自身の考えを再構成させる。討議の影響を受けて考えや意見が変容していく過程や，歴史学習の成果を生かす過程からは，生徒の調整力を見取ることができるだろう。

歴史フォーラムに参加して，日本や世界の在り方を議論しよう

◆◆歴史学会主催歴史フォーラム　参加者シート

本日は◆◆歴史学会主催の歴史フォーラムにご参加ありがとうございます。歴史フォーラムの成果を記録するため，本フォーラムに関する参加者の意見や議論の内容をこの参加者シートに記録し，フォーラム終了後に本学会にご提出をお願いいたします。

◆◆歴史学会主催歴史フォーラム・探究テーマ

テーマ①：歴史と私たちの生活とのつながりとは何か
テーマ②：歴史から見た，これからの日本や世界の在り方はどうあるべきか

1　事前課題

＊本フォーラムの 2 つの探究テーマについて参加者自身の考えや意見を，これまでの自身の歴史研究の成果を生かし，複数の歴史的事象を関連づけながら論じてください。

テーマ ①	
テーマ ②	

2 グループディスカッション

*本フォーラムで行われたグループディスカッションで出された意見やそれに対する自身の意見，最終的にグループで大勢をしめた意見，ディスカッションを進める中で参加者自身が感じたことや考えたことなどを自由に記録してください。

3 最終意見

*グループディスカッションを経ての最終的な参加者自身の考えや意見を，これまでの自身の歴史研究の成果を生かし，複数の歴史的事象を関連づけながら再度論じてください。その際，1の事前課題と考えや意見が変化してもかまいません。

作成された参加者シートは，指定日（　月　日）までに◆◆歴史学会までご提出ください。

年　　組　　番：氏名

【編著者紹介】
中野　英水（なかの　ひでみ）
1970（昭和45）年，東京生まれ。東京都板橋区立赤塚第二中学校主幹教諭。1993（平成５）年，帝京大学経済学部経済学科卒業。東京都公立学校準常勤講師，府中市立府中第五中学校教諭を経て，2013（平成25）年から現職。東京都教育研究員，東京都教育開発委員，東京教師道場リーダー，東京方式１単位時間の授業スタイル作成部会委員，東京都中学校社会科教育研究会地理専門委員会委員長を歴任。現在，東京都中学校社会科教育研究会事務局長，全国中学校社会科教育研究会事務局次長，関東ブロック中学校社会科教育研究会広報副部長，東京都教職員研修センター認定講師，日本社会科教育学会会員。

【執筆協力者】
藤田　　淳（ふじた　じゅん）
東京都港区立高松中学校
執筆担当：事例５～19

中学校社会サポートBOOKS
パフォーマンス課題を位置づけた
中学校歴史の授業プラン＆ワークシート

2021年４月初版第１刷刊　©編著者　中　野　英　水
2022年11月初版第３刷刊　発行者　藤　原　光　政
発行所　明治図書出版株式会社
http://www.meijitosho.co.jp
（企画）赤木恭平（校正）高梨　修
〒114-0023　東京都北区滝野川7-46-1
振替00160-5-151318　電話03(5907)6701
ご注文窓口　電話03(5907)6668
＊検印省略　組版所　株式会社アイデスク

Printed in Japan　ISBN978-4-18-350716-7